SHENZHEN
CHUANGYE
GUSHI 3

深圳创业故事 3

深圳市科技创新委员会 主编

杨柳 执笔

深圳出版社

图书在版编目(CIP)数据

深圳创业故事 . 3 / 深圳市科技创新委员会主编；杨柳执笔 . -- 深圳：深圳出版社，2023.11
ISBN 978-7-5507-3867-6

Ⅰ . ①深 … Ⅱ . ①深 … ②杨 … Ⅲ . ①企业家－访问记－深圳－现代 Ⅳ . ① K825.38

中国国家版本馆 CIP 数据核字 (2023) 第 114461 号

深圳创业故事 3
SHENZHEN CHUANGYE GUSHI 3

出 品 人	聂雄前
责任编辑	杨华妮
责任技编	陈洁霞
责任校对	万妮霞
封面设计	度桥制本 Workshop

出版发行	深圳出版社
地　　址	深圳市彩田南路海天综合大厦（518033）
网　　址	www.htph.com.cn
订购电话	0755-83460239（邮购、团购）
设计制作	深圳市度桥制本设计有限公司
印　　刷	深圳市希望印务有限公司
开　　本	787mm×1092mm　1/16
印　　张	16.5
字　　数	216 千
版　　次	2023 年 11 月第 1 版
印　　次	2023 年 11 月第 1 次
定　　价	48.00 元

版权所有，侵权必究。凡有印装质量问题，我社负责调换。
法律顾问：苑景会律师 502039234@qq.com

编委会

| 主 编 |

深圳市科技创新委员会

| 执 行 主 编 |

张 林

| 执 行 副 主 编 |

娄岩峰

| 编 委 |

丁 欣　　陈望远　　殷 杰　　于英普　　陈庆云　　李肖力
陈文献　　黄 葳　　杨滢亮　　王 艳　　张 俊　　饶明辉
陈 颖　　龚 婷　　文 莉　　陈 蓉　　王 辉　　吕 睿
陈晓波

| 出 版 策 划 |

曹达华　　丁 逸　　刘振华　　蔡凯佳　　冯庆民　　潘安琪

| 推荐序 |

一首创新的协奏曲

党的二十大报告明确提出,高质量发展是全面建设社会主义现代化国家的首要任务,要求"深入实施科教兴国战略、人才强国战略、创新驱动发展战略,开辟发展新领域新赛道,不断塑造发展新动能新优势"。改革开放四十多年的实践证明,持续办好"改革""开放""创新"这三件大事是实现高质量发展必由之路。

深圳的探索就鲜明体现了这一点。作为改革开放的前沿,深圳在继续全面深化改革开放的同时,坚持把创新作为城市发展主导战略,先后出台多项条例、综合性政策、专项政策,构建了全过程创新生态链,极大激发了全市创新创业创造活力。2022 年,全社会研发投入占地区生产总值的比重达 5.49%,基础研究投入占全社会研发投入比重 7.25%,企业研发投入占全社会研发投入比重 94.0%;国家高新技术企业总量达 2.3 万家;深圳高新区综合排名全国第二;PCT(专利合作协定)国际专利申请量稳居全国城市首位。

这些抽象数字的背后是一个个曲折坎坷的创业故事。这本《深圳创业故事 3》既有普通"草根"如何通过拼搏奋斗最后脱胎换骨成为逐鹿全球的独角兽的心路历程,也有已业有所成却不甘安逸、挑战自我、几经波折最终凤凰涅槃的曲折事迹,还有莘莘学子海外归来从无到有摸爬滚打终成正果的鲜活案例。这些故事的背后其实从不同侧面展现了"改革""开放""创新"这三件大事对普通创业者的意义，读者可以慢慢品味。

当前，新一轮科技革命和产业变革正风起云涌，如何持续不断汇聚创新资源、精准发力支持创新项目是摆在城市管理者面前的一道难题。创新创业项目的可行性、前瞻性到底几何？政府往往面临着极大的信息不对称。深圳找到了解决这个问题的办法：自2009年开始，深圳就连续每年举办中国深圳创新创业大赛（简称"深创赛"）。经过14届赛事的积累沉淀和创新迭代，来自全球的前沿技术、创新项目、科技人才与创投资本等创新资源逐渐集聚鹏城。据不完全统计，历届参赛主体中有18家企业成功上市，涌现出117家国家级专精特新"小巨人"企业、3164家国家高新企业。通过这种机制，一批批科研成果得到了有效转化，一个个新赛道新领域被不断开辟，深创赛已经成为包括政府在内的社会各界精准支持创新的"赛马场"。

艰难困苦，玉汝于成。无论是《深圳创业故事》系列里各种类型创业者筚路蓝缕的艰辛历程，还是深圳这座城市创业浪潮的风卷云涌，都以铿锵有力的琴键演奏着新时代高质量发展的协奏曲。而这正是中华民族伟大复兴的序章！

（黄奇帆　研究员、重庆市原市长）

目录

第一章 / 草根崛起成佳话

- 005 　张丽丽：坚持不懈打造中国存储品牌
- 015 　董　亮：成为合成生物学领域的创业新星
- 025 　夏　平：从运动员到科技企业"掌舵人"
- 034 　| 创业指南针 | 草根创业者要耐得住寂寞和痛苦

第二章 / 放弃安逸去奋斗

- 041 　岳　敏：勇当新能源新材料的领头羊
- 055 　张　翀：领军水下机器人的巾帼英雄
- 067 　吴俊阳：敢于坚持就能等到春暖花开
- 079 　邓小白：我最大的幸运是生在一个好时代
- 091 　曾乐朋：矢志不移地研制国产高端医疗器械
- 102 　| 创业指南针 | 高管创业者制胜的三个"黄金法则"

第三章 / 勇立潮头唱大风

- 111 　李轶江：带领汉诺医疗成功研制"人工心肺"
- 123 　叶伟平：建设大湾区生物医药 CDMO 平台标杆
- 133 　杨　恒：以 AI 助力企业数字化转型
- 145 　郭滨刚：谱写光子超材料薄膜的产业化传奇
- 157 　黄君彬：掘金下一代新型光互联产品
- 166 　| 创业指南针 | 海归创业者走向成功的"秘诀"

I

第四章 / 百折不回成将才

- 173　刘超峰：让中国跨境支付平台服务全球贸易
- 183　赖俊生：让国产内存测试设备走向世界
- 193　喻东旭：成为纳米银材料产业链的耀眼新星
- 202　| 创业指南针 | 连续创业者的三个共同特质

第五章 / "双城故事" 谱新曲

- 211　招彦焘："双城"创业先锋入选"世界十大杰出青年"
- 221　宋鹜天：开启真空玻璃产业新时代
- 231　徐　涛：构建一流的肿瘤精准诊断企业
- 241　刘　明：让无人系统无处不达
- 250　| 创业指南针 | 利用"双城"优势实现创业梦想

253　后记

第一章

草根崛起成佳话

完成伟大事业的人,起初并不伟大。

——爱默生

张丽丽，20 岁时是沈阳一家计算机公司的普通销售员。如今，她创办的深圳市嘉合劲威电子科技有限公司 2022 年荣获"中国 IC 独角兽"称号。

董亮，创业之前是中国科学院微生物所刚毕业的硕士研究生。如今，他创办的深圳中科欣扬生物科技有限公司上榜全球"50 家聪明公司"。

夏平，曾是山西省体工大队的一名 50 公里竞走运动员。如今，他创办的深圳警圣技术股份有限公司成为一家国家级高新技术企业，研发的 5G 融合音视频管理平台服务于四川、重庆和北京等地公安部门。

他们曾经一无所有，却不约而同地走上创业的道路。是什么激发他们拥有创业的梦想？又是什么让他们在创业道路上坚持下来，走向成功？

草根崛起成佳话，玉汝于成树新风。

———

"草根创业缺少的东西很多,缺资金、缺人脉、缺技术。因此只有依靠坚持和专一,才能闯出一番名堂。"

张丽丽,深圳市嘉合劲威电子科技有限公司董事长。

-

深圳市嘉合劲威电子科技有限公司 2021 年度营业收入首超 10 亿元规模,2022 年荣获"中国 IC 独角兽"称号。

张丽丽：
坚持不懈打造中国存储品牌

2022年10月31日，"双11"拉开序幕，作为国内最大的内存模组厂商，深圳市嘉合劲威电子科技有限公司（简称"嘉合劲威"）携旗下品牌在大促伊始就迎来"开门红"：京东电脑数码内存单品销量榜排行第一，仅两小时订单破万套。

如今的嘉合劲威及旗下品牌已经凭借过硬的品质与实力成为存储领域闪耀的明星，但鲜有人知的是，其创始人张丽丽女士曾经是沈阳一家计算机公司的普通销售员，2007年随南下潮流到了深圳，从华强北练摊，到开公司建工厂，再到如今的国际化企业运作，这是一位草根创业者十多年如一日辛勤耕耘的平凡故事，也是一个关于嘉合劲威如何铸就中国知名存储品牌的不平凡的故事。

| 东北籍销售员到华强北练摊

2007年，一位20岁出头的东北姑娘在深圳的赛格广场二楼新开了一个不足5平方米的档口，这个摊主就是张丽丽。

就在一年前，她还是沈阳一家计算机公司的普通销售员，工作任务是向电脑用户销售防火墙系列产品。每天，她除了要打100多个推销电话，还要上门拜访有潜在购买意向的客户，跑得勤，"闭门羹"吃得不少，即便如此也没能磨灭她的热情，凭着这股拼劲和乐观的性格，她的销售渐渐有了起色。

"我喜欢观察，在销售防火墙产品过程中，我发现电脑用户对数据安全非常关注。那如何保证数据安全呢？除了防火墙，还有存储类产品，我想肯定大有市场。"张丽丽回忆道，"我曾在深圳出差时到过华强北，那里是中国乃至国际有名的电脑及周边配件的集散地，一派繁华忙碌的景象，当时我就想到深圳来闯一闯，看看有没有机会销售存储类产品。"

说干就干，张丽丽在华强北租了个摊位之后，最初是给东北的老客户找货、发货，主要是代采购主板、CPU（中央处理器）、显卡、机械硬盘、内存条等，找货、比货、卖货，忙的时候饭都顾不上吃。慢慢地，她敏锐地捕捉到，相比 CPU 和主板，客户对内存条的更换频率更快，她进而判断内存产品有更大的市场潜力，因此她毅然决定把业务重心放在内存产品领域，并代理销售金士顿等国外厂商的内存产品。谁也没有料到，正是当时这个发现与决定，悄悄地铺垫了一个国产存储品牌的诞生之路。

｜从代理洋品牌转为铸就民族品牌

智能移动终端、云计算、移动互联网、大数据等新业态飞速发展，伴随而来的是信息和数据处理的爆发式增长。小到个人，大到企业，乃至国家层面，新一代信息技术的庞大的市场需求和重要战略价值已日益凸显，尤其信息存储和数据处理的安全与稳定已经上升到国家安全战略的高度，存储行业国产化迫在眉睫。

张丽丽早期代理国外厂商的内存品牌时发现，由于主料货源和定价权在洋品牌手中，且受外部环境影响而价格波动很大，她萌生了自研自产自销的想法。这在当时，显然太大胆了，因为要自己研制内存产品，不仅资金压力极大，其技术的门槛也特别高。她曾参观过金士顿的工厂，不论是生产工艺还是生产流程，都是金士顿总部派工程师给东莞工厂提供技术支持，尤其是前端的测试环节难度极大，甚至当时国内除台湾外都没有专门从事相关测试的软件开发厂商。但是国产存储要想走出自己的路，就必须攻克面前所有的不可能，她的想法得到丈夫陈晖的支持。陈晖与存储产品打交道10多年，有不少存储领域的朋友和资源。于是在2009年，他们尝试把内存颗粒外发给台湾厂家进行测试，测试回来在深圳工厂完成成品组装与销售。因为外发测试不仅价格高昂，而且往来物流周期较长，造成交期、价格波动较大，当时的客户体验和服务都做得不够好。

"我当时一心想做自主品牌的内存条，可由于初创的国产品牌没有名气，客户信任度不够，造成存货一大堆，经营上遇到很大阻力。"张丽丽坦率地说，"陈晖带领研发团队经过相当长一段时间研究，开发出了拥有自主知识产权的测试软件，最终解决了前端测试的难题，我们就可以自行完成芯片测试，不用外发了。测试效率、产品品质、交付周期也有了保证，自有品牌'光威'内存条就逐渐在业内打响了名气。"

2012年8月，张丽丽注册成立的深圳市嘉合劲威电子科技有限公司，是一家主要从事存储芯片测试、存储芯片及模组方案研制的高新技术企业，针对不同目标客户群体，分别打造了"光威"（GLOWAY）、"阿斯加特"（ASGARD）和"神可"（SINKER）三大自有品牌。

张丽丽介绍道："光威是较早建立起来的国产化消费类存储品牌，接下来，面向国际高端电竞消费者，我们推出了阿斯加特品牌。神可品牌主要是瞄准企业级和工控级市场，神可的特制内存产品专为极端条件或恶劣环境而设计，有更为密集且严苛的测试验证和测试筛选环节，以确保存储产品在特定操作环境下仍能保持极高的可靠性和稳定性。这三个品牌如同嘉合劲威销售的三驾马车，在国内细分存储市场高歌猛进，快速发展。2021年，嘉合劲威年度营业收入首次突破10亿元人民币。"

勇于创新擦亮国产存储品牌

嘉合劲威从初创到完成10亿元以上年营业收入，花费近10年时间，可谓"十年磨一剑"。在张丽丽的脑海里，2012年公司设立当年建了第一个内存模组制造车间的样子依然清晰；2013年嘉合劲威开始量产DDR3（一种计算机内存规格），开展OEM（定牌生产合作，俗称"代工"）、ODM（委托设计与制造）业务；2015年推展SSD（固态硬盘）业务，扩大产品线；2017年建设坪山子公司，工厂建设规模达到6000平方米。嘉合劲威从自研测试设备与软件、完善制造体系到扩充产品多元化解决方案，一步步成为国内首家全产业链内存产品制造厂商。

作为深圳本土国家高新技术企业，创新是企业发展的城市特色，嘉合劲威不计成本投入研发创新、技术迭代、工艺升级等方面，全力赶超国外一线品牌。2017年，自主研发了全自动DRAM（动态随机存取内存）、NAND（计算机闪存设备）测试设备，极大提高了内存条、SSD的测试效率和准确度，同时也提高了嘉合劲威高端存储IC测试产能，内存条产能突破300万片，SSD产能突破了250万片。2018年，嘉合劲威再度升级测试技术，尝试将人工智能应用于成品测试生产，所有测试程序都在一条全自动测试流水线上完成，全流程系统监控，确保制程标准准确无误，产品最终性能有保证。嘉合劲威在测试技术和设备上取得的成绩打破了国外测试服务商对中国商家在存储测试技术方面的封锁，探索出了全自动化测试解决方案的国产替代的可能之路，为中国内存模组的智能制造能力再进一步提供了可借鉴的经验与案例。

嘉合劲威每年投入近千万元研发经费，用于建立完善兼容性测试、可靠性测试、芯片调试等多个实验室，随着嘉合劲威测试与制造实力的不断提升，其出品的诸多质优价美的电脑存储产品，逐步夺回原本被洋品牌占领的市场份额，引领国内电脑存储产品市场的良性竞争，让国内消费者获得了高性价比的电子存储产品。

2020年7月9日，《深圳特区报》头版刊发了一则题为《首款"中国芯"内存条在深量产》的新闻："看似平平无奇的一个内存条，却是首款'中国芯'内存条！从元器件到制造，都是纯国产！记者获悉，这款名为光威弈Pro系列的内存条，由深圳一家高端存储芯片测试企业——嘉合劲威电子科技公司生产制造，目前正在坪山区大规模量产。该产品的出现，既打破国外技术垄断，又有利于上下游企业实现核心技术国产化，标志深圳高新技术产业发展取得又一突破。"

众所周知，从DDR、DDR2、DDR3、DDR4到DDR5，电脑配件不断演变升级换代，当下主流产品服役一定的周期后，下一代产品必然将扮演着未来接班人的角色。每一次迭代，基本都能实现芯片性能翻倍，老一代产品会逐渐被替代，存储市场已经进入DDR5时代。而嘉合劲威凭借多年内存模组制造的行业底蕴和技术积累，在2020年前瞻性布局DDR5内存模组的设计制造，2021年底率先实现DDR5内存产品的量产，备受国产存储市场瞩目。

张丽丽自信地说："嘉合劲威是最早布局DDR5量产的模组厂商，同步推动与各大CPU和主板厂商的适配规划，我们预计DDR5的市场需求将猛增，所以完善DDR5产品将会是我们下一步的重点任务。我们不只发展消费级产品，企业和行业级产品也将齐头并进，同步发力。而且在信息化、国产化的背景下，我们已经提前做好了上下游资源整合，源头上稳定原材料供应，制程上优化生产细节和品质工艺，功能上切入数据安全的设计考量，技术上着重软件开发、国际标准体系认证等方面，为品牌的品质和口碑做好全方位的保障。"

从投资机构的"宠儿"到行业领头羊

嘉合劲威以务实为企业基调，以创新为发展抓手，在研发创新与人才培养方面投入大量的人力物力，截至2023年，公司已打造以深圳为轴心，苏州、台北为配套的三地研发联动体系，拥有近200项技术知识产权及软件著作权，其中10项是发明专利；搭建以深圳为中心，辅以北京、上海、台北、洛杉矶等分支机构的"1+4"国际营销网络，能为全球用户提供全系列的内存模组、固态硬盘、各类存储装置等优质产品及存储解决方案。这样一家半导体行业里冉冉升起的新星，已经成为投资机构竞相追逐的"宠儿"。

2020年8月，嘉合劲威获得包括厦门半导体、深圳中航坪山等国资背

2022年，嘉合劲威团建活动

景的产业投资机构数千万元的战略投资，主要应用于持续加大核心技术的研发投入，增强高端存储芯片测试技术与研发团队的培育。

2021年11月，苏州招赢云腾股权投资合伙企业、深圳高新投等著名机构为嘉合劲威投资1.4亿元，为企业加快嵌入式产品方案研发升级、加大企业级产品的开发及信创产业的布局再添助力。

张丽丽透露，在国产存储器领域，嘉合劲威与武汉长江存储、苏州太极半导体、合肥长鑫等厂商达成深度战略合作，牵手这些国产半导体龙头企业，为嘉合劲威布局信创产业和持续发展提供了有利条件，这也是嘉合劲威受到投资机构青睐的一个重要因素。

全球化销售策略让嘉合劲威在国内外的市场表现成绩斐然。嘉合劲威的国内电商，上线早，知名度高，客户口碑好，资源充足，跟国内其他竞品相比一直以来都有较大优势。从京东的数据上来看，嘉合劲威自有三大品牌在京东上的内存产品类目中均进入销量TOP 10，占有率高达20%以上，目前已成为京东的核心供应商之一。根据后疫情时代市场的特性，嘉合劲威跟随抖音等直播平台，率先启动"百万主播扶植计划"，开拓出一条不同于传统销售模式的新营销路线，达到持续增长的目标。

海外销售采取线上线下同时推进的策略，在速卖通、阿里巴巴、亚马逊等主流电商平台建立专营店铺，宣传引流，主抓个人客户；在海外渠道市场中，采用地推及开拓企业用户，主抓行业用户，扩大终端消费出口。

2022年8月19日，在南京国际博览会议中心钟山厅举办的2022年世界半导体大会"中国IC独角兽论坛"上，嘉合劲威成为第五届"中国IC独角兽"唯一模组制造获奖厂商。此前不久，嘉合劲威刚获得2022中国IC风云榜"年度市场突破奖"。这两项重量级奖项标志着嘉合劲威过硬的技术实力和快速提升的市场竞争力受到业界的广泛肯定。

2022年，嘉合劲威荣获"中国IC独角兽"称号

信心来源于政府和用户的鼎力支持

2020年2月突如其来的疫情冲击，对于张丽丽来说是企业创办以来最大的一次挑战。"当时正值公司春节假期，原计划初八开工，武汉封城之后，我意识到问题比较严重，根本不知道什么时候员工能回来上班。而年前已下达的订单交付在即，京东平台负责人数次来电询问企业何时能正常开工和备货。交货任务非常紧迫，可当时疫情已发展为全国蔓延的态势，开工遥遥无期，企业生存压力骤增。在最困难的时候，深圳的各级政府体察企业燃眉之急，坪山区主管部门多次调研反馈和现场走访，缺方案帮助给方案，缺物资帮助筹措物资，嘉合劲威被列入优先复工复产名单。2020年3月25日，企业正式复工，终于能给京东等电商平台稳定供货了。最终嘉合劲威实现年度营收近5亿元。在疫情肆虐全球的背景下，我们仍取得营收的正增长，这已经是很了不起的成绩了。政府为我们企业发展提供了强大的支

持和帮助。"她的话语里洋溢着感恩之情。

接着，张丽丽分享了一个小故事："2020年夏天，我们在电商平台上刚开始销售光威弈Pro系列的内存条，消费者在分享用户体验的时候，陆续发出来160多条正面信息，评价说'光威内存特别好用''支持国货''光威弈代表了国产内存的希望之光'等，我看见了这些正能量的留言觉得特别温暖，感受到在背后有一股力量支撑着我们前行。今生有幸生在华夏，中国人民如此团结，我们一定要做出最好的国产品牌。"

自2020年初到2022年底，企业发展依然受到疫情的影响，为了帮助企业保持高速增长，深圳市科技主管部门和各区科技部门陆续出台一系列扶持政策，主要包括房租补贴、贷款贴息、扩产增效、稳岗补贴、国家高新技术企业奖励、高新技术企业培育资助等，为企业送来"及时雨"，帮助企业渡过疫情难关。张丽丽对嘉合劲威获批"深圳市工业和信息化局2022年工业企业扩产增效扶持计划项目"记忆犹新："这个项目要获批门槛是比较高的，包括企业的工业总产值要达到5亿元及以上，同时工业总产值增速达20%及以上，所以我们公司能获批这个项目，对我们来说这是莫大的光荣，我们全体员工备受鼓舞，决心再接再厉，再创佳绩。"

"嘉合劲威还获得中国电子工业标准化技术协会信息技术应用创新工作委员会授予的2022年度'卓越贡献成员'单位的荣誉，这是在政府的帮助鼓励、广大用户的信任支持和全体员工共同努力下取得的。"张丽丽站在位于南山区的企业展厅里说，"我希望将我们优质的存储产品源源不断销往全球市场，持续打造高端存储领域的中国品牌。"

国产存储乃国之重器，国产化进程不容有失。未来，嘉合劲威将以"数据存储"和"数据安全"为双翼，在技术创新与市场应用创新的双驱动下，满足不同类型客户对高性能存储的需求，为国产存储产业建设发展添砖加瓦。

"客户对我们的认可，才是最真实的认可。"

董亮，深圳中科欣扬生物科技有限公司联合创始人兼董事长。

2020年，深圳中科欣扬生物科技有限公司获得第十二届中国深圳创新创业大赛生物医药行业决赛企业组三等奖。

董亮：
成为合成生物学领域的创业新星

2022年春天，深圳中科欣扬生物科技有限公司（简称"中科欣扬"）完成了一轮由中金资本旗下中金佳泰叁期基金领投，爱尔医疗、嘉兴沃永战略投资的B轮2亿元融资。过去3年间，企业年收入翻了近30倍。

这家合成生物赛道上冉冉升起的明星企业，掌舵人是"80后"江西小伙子董亮，他2015年一毕业就投身创业，属于"无资金、无资源、无创业经历"的草根创业者，可为何能率领企业在短短几年内就飞速发展呢？让我们听听这个发生在深圳的传奇故事。

| 参加科考活动发现产业化机会

2015年初，中国科学院微生物所研究生董亮乘坐中国主力远洋科考船"大洋一号"，前往西南印度洋执行中国大洋第34次科学考察任务，对海底热液异常区进行综合探测。

站在甲板上眺望无垠的大海，董亮心潮起伏：2010年从长春理工大学生物工程系本科毕业后，到中国科学院微生物所当项目聘用员工两年，然后攻读中国科学院微生物所生物工程专业的硕士学位，眼看就到毕业的关头，是去找个单位就业，还是自主创业？他那时尚未做决定。

董亮（左二）2015年在"大洋一号"科考作业

然而，这次历时两个多月的科考活动，居然让他有了意外收获。科考船在西南印度洋4500米海底火山口提取了泥土和矿物质样品，科学家把样品用冰箱冻存下来。回到北京后，董亮对泥土中的微生物和基因组进行提取，筛选出一个特异性的菌株，具有极佳的耐热性和稳定性，能够成功解决SOD（超氧化物歧化酶，是一种源于生命体的活性物质，能消除生物体在新陈代谢过程中产生的有害物质）提取难的问题。

"作为能抵抗自由基、延缓人体衰老的有效物质，SOD在食品、化妆品、医药等方面能大有可为，但受制于获取不易，如何采用更好的方式生产和提取高稳定性的SOD，一直是业内的一大难题。"董亮介绍道，SOD的最初来源是动物体内，但这一方式存在血液交叉感染的风险，因此被欧洲明令禁止。随后，人们采取了植物提取的方式，而受制于成本高，并且最终物质的不稳定性使得SOD的提取成为行业的痛点。因此，通过这次研究，董亮发现深海极端环境微生物资源与合成生物学结合的巨大应用价值，也让他看到了产业化的巨大机会,因此萌生毕业后投身SOD产业化创业中的想法。

董亮在中国科学院微生物所读研时的导师董志扬研究员,对他的创业想法给予大力支持,鼓励年轻人就应该去市场上大胆地闯闯。而且出身江西农村的董亮做事有韧劲,能吃苦耐劳,跟人打交道态度谦逊有礼,具备优秀创业者的基本特质。

"黄金搭档"联手在深圳创业

科考任务结束后不久,一位在深圳工作的老朋友董欣欣正好赴北京出差,顺道去看望董亮,两人先一起长跑了10多公里,然后一起喝酒聊天,董亮分享了科考中的重要发现,并说出了计划创业的想法。

董欣欣于中山大学金融专业硕士毕业后,在证券公司从事投资业务多年,对资本市场比较了解,他答应给董亮个人投资200万元启动这个项目。两人商议在深圳创业,因为这里最适合科技型初创企业生长。

2015年9月,董亮背着旅行包,南下深圳,在龙岗区宝龙街道找到了几百平方米的场地注册了中科欣扬。董欣欣投资的第一笔钱是卖掉房子凑来的100万元,董亮用来购置了专业实验设备,交完房租,差不多支撑了公司运营半年之久。

公司起步阶段就两三个人,董亮一个人做试验,24小时不能停机,这就需要他经常熬夜加班。而董欣欣那时还在证券公司上班,经常下班后,扛一箱啤酒赶到公司里,陪着董亮熬通宵,看着他做试验。"在疲惫至极的时候,我从实验室走出来,还能跟他喝一杯,这是对我最大的支持,我很感动,欣欣每个月的工资发下来,就当投资款打给公司了。创业第一年,我们的资金很紧张,都是一分钱掰成两半花。"董亮说,"当时SOD产品也还没有做出来，没有一分钱收入。到了 2016 年底，我面临要交房租、发工资的巨大压力，找同学借了 3 万元周转。现在回想起来觉得草根创业确实很不容易，家人朋友给予我的理解和支持也是无比巨大的。"

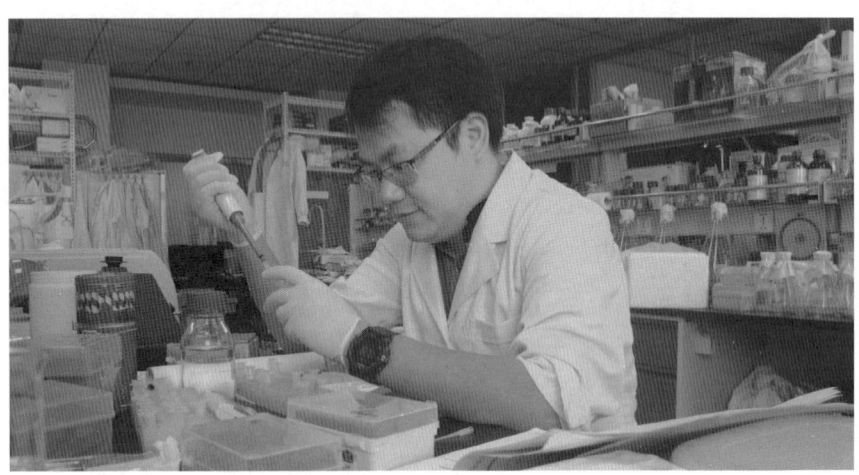

董亮早期在实验室研究 SOD

大客户变身为企业的投资人

2017 年，董欣欣的好友所在的公司北京以太基金给中科欣扬投资 510 万元，这让董亮稍微松了口气，开始有资金布局新产品研发和市场开拓。

中科欣扬研发出具有更好活性和耐热性的 SOD 之后，成功销售给珀莱雅、贝泰妮、百雀羚、仙乐健康、衡美、大连双迪、威海紫光等数百个优质化妆品客户和食品客户，并且与强生达成合作，终于实现了把 SOD 添加到强生的产品中。其中，美妆上市公司珀莱雅对中科欣扬的 SOD 进行了各种测试，发现其性能优于进口的 SOD 原料，于是珀莱雅研发总监找到中科欣扬，问能否采用合成生物的方法生产麦角硫因，之前这款原料只有美国公司 Barnet 化学合成而来，考虑到供应链安全性问题，麦角硫因如能实现国内采购，将对企业是一大利好。

原来，麦角硫因这种天然氨基酸分布于自然界的动植物、微生物体内，具有抗氧化、抗衰老等多种功能，由雅诗兰黛品牌最早作为核心成分开发，其最初是由美国公司 Barnet 独家供应雅诗兰黛。因为品牌溢价以及传统提炼手段成本高等因素，国内企业的进口价高达每公斤 1000 多万元。

2020 年，中科欣扬采用微生物细胞工厂全合成麦角硫因，是全球最早实现麦角硫因全合成并量产的公司，目前单罐发酵规模已达百吨级，并利用有机碳一重构工程菌的麦角硫因合成路径，结合绿色低糖发酵技术的创新全合成路径，彻底实现了低碳制造和碳循环，将合成全周期缩短 24 小时，葡萄糖消耗量降低 28.5%。

通过这次合作，珀莱雅看到了中科欣扬强大的研发实力，决定投资。"珀莱雅从过去的大客户变身为中科欣扬的投资人，而且每年采购量也在递增。客户对我们的认可，才是最真实的认可。"董亮的言语里透出自豪。

｜上榜全球"50 家聪明公司"

2021 年，中科欣扬在全球首次实现四氢嘧啶在大肠杆菌中异源合成产业化，打破了以嗜盐菌为主的国外技术垄断，并实现在食品级谷氨酸棒状杆菌高效合成四氢嘧啶，菌株的效率更高且具备天然的优势。用合成方法生产的依克多因，既可以用于医美术后的敏感肌肤修复，也能用于抗皱、抗衰老化妆品中，应用场景十分丰富。

董亮透露："我们的生产效率比传统提取的方式更快，主要应用的领域集中在食品和化妆品方面。"

2022 年 7 月，在 EmTech China 2021 全球新兴科技峰会上，《麻省理工科技评论》发布了年度"50 家聪明公司"榜单，中科欣扬成功上榜。本次上榜的 20 余家生物科技企业中，合成生物学赛道备受瞩目。董亮认为，合成生物学下一个五年持续创新的关键不仅在于高通量筛选、CRISPR（一种基因编辑技术）等底层平台型技术的发展，中国的合成生物学企业还要充分利用规模产能、后端工艺技术积淀的产业链先发优势，驱动合成生物学技术从创造向制造的创新转化。

中科欣扬入选《麻省理工科技评论》发布的"50 家聪明公司"

| 合成生物领域商机巨大

合成生物学诞生于 21 世纪初，是一个蓬勃发展的年轻学科，其目标是利用工程学的研究范式，改造生命、理解生命，乃至设计生命、合成生命。

从基因组学的角度来说，合成生物学是基因组学发展的最高阶段，即从"解读（reading）"发展到"书写（writing）"的阶段。近年来，得益于信息技术和生命科学等交叉学科的迅猛发展，合成生物学异军突起，融合了生物学、化学、物理学和工程科学等多学科技术和方法的交叉学科，一方面为生命科学研究提供了新的范式，另一方面也不断催生具有颠覆性特征的未来生物技术。

我国政府高度重视合成生物学研究，国家发改委印发《"十四五"生物经济发展规划》，明确要求发展合成生物学技术，并列出了具体的重点攻克领域，以及政策支持方向。

作为一项底层技术，合成生物学技术应用场景十分广泛，可以应用于医药、农业、能源、消费品等领域。像火热的生物医药、青蒿素、mRNA新冠疫苗等终端产品，均可归于合成生物学技术的落地应用。

波士顿咨询公司在2022年2月发布的报告中，直接将合成生物学定义为"颠覆性科技"；到21世纪末，合成生物学技术将广泛应用于占全球产出三分之一以上的制造业——按价值计算在30万亿美元量级。

当合成生物学技术站在风口上时，中科欣扬经过7年的发展，已经形成了"北京+深圳+上海"三地四大自主研发和产业化中心布局，成功构建了"产学研用"生态圈，并将多个前沿科技项目带出了实验室，是国内最早完成商业闭环、实现规模营收的合成生物学公司。

中科欣扬不仅在资本市场上四面开花，而且与国内外头部食品、农业科技企业密集接触，推进通过更环保、更经济的合成生物学的方法，赋能农业环保的发展。在产业布局上，中科欣扬主要面向B端市场，并形成了两条业务线：一条是直接供应原料，另一条是提供包括配方、检测等在内的整体解决方案。

深圳是最好的创业沃土

人才是第一资源，对于科技企业尤其如此。中科欣扬已组建来自中国科学院、北京大学、清华大学、加利福尼亚大学伯克利分校、南洋理工大学、瓦格宁根大学研究中心等国内外顶级高校和科研院所，涵盖合成生物学、生命科学、微生物学、化学、环境科学、农业科学、食品科学等多领域的海内外高层次人才研发团队，拥有博士学历的科研人员有20多位，为合成生物学技术真正落地打下坚实基础。

董亮最初将中科欣扬落户在深圳，是因为深圳对科技型企业在政策上很宽松，能让科研人员沉下心来做研究，当企业成长到一定的规模，又能及时得到政府的各种扶持。比如，2022年6月，深圳出台"20+8"产业新政——《深圳市人民政府关于发展壮大战略性新兴产业集群和培育发展未来产业的意见》，明确提出要重点发展合成生物底层技术、定量合成生物技术、生物创制等领域，加快突破人工噬菌体、人工肿瘤治疗等创制关键技术，推进合成生物重大科技基础设施建设，建设合成生物学研发基地与产业创新中心。这对中科欣扬来说又是重大利好。

2022年，中科欣扬承担的"微生物代谢工程法合成麦角硫因关键技术研发"，获批了深圳市科创委技术攻关面上项目200万元资助。该项目是通过系统比较麦角硫因多种合成途径，筛选麦角硫因高效合成途径，从而为实现麦角硫因在食品、化妆品、功能食品和生物医药等行业的大规模应用奠定重要基础。中科欣扬还入选"2022深圳市潜在科技独角兽榜单"，是其在深圳进一步释放创业基因的完美验证。

企业要快速地发展壮大，离不开配套的产业环境。董亮欣喜地看到，近年来，深圳的合成生物学产业发展异常迅猛，依托中国科学院深圳先进

2019年深圳总部升级扩容，董亮（左三）与董欣欣（左一）合影

院合成所，正在建设合成生物大设施，为合成生物产业化提供了很好的科研平台支撑。

从2022年底开始，董亮密集前往长三角、山东、内蒙古等地考察生产基地，他充满信心地说："合成生物学领域技术门槛高，是继生物医药和人工智能之后，又一个创业热点。随着全球人口增长，也将带来蛋白供给压力，比如，畜牧业是温室气体排放大户，传统农业靠天吃饭、不确定性大，作为解决方案之一，人造肉和人造奶有巨大的市场需求；在化妆品、食品和农业领域，很多原料依赖化学合成，但安全性和可靠性不够，如果用合成生物方法替代，将提高安全性和稳定性。面对巨大的蓝海市场，中科欣扬有信心成为全球合成生物学领域的知名企业。"

"创业就像 50 公里竞走比赛，如果前面 20 公里走得慢，剩下 30 公里还有机会提速也能实现超越。"

夏平，深圳警圣技术股份有限公司创始人、董事长。

2018 年 5 月，深圳警圣技术股份有限公司在新三板挂牌上市。

夏平：

从运动员到科技企业"掌舵人"

2022年8月8日，深圳警圣技术股份有限公司（简称"警圣技术"）起草并发布了《北斗应急形变监测系统》团体标准，警圣技术自主研发的北斗应急形变监测平台通过系统集成技术将北斗位移、数据采集、传输和存储等各个子系统集成为一个协调运行的监测平台。

鲜有人知的是，警圣技术的创始人、董事长夏平曾是山西省体工大队的一名50公里竞走运动员，2012年只身来到深圳创业，成为一家国家级高新技术企业的掌舵人。他直率地说："此生如果没有当运动员，我的人生不会这么精彩，体育精神是我坚持创业的精神支柱。"

| 成为职业运动员，遇见"魔鬼教练"

1986年，一个身材瘦高的东北少年离开了家乡——辽宁省绥中县前所镇小松村，进入了锦州体校接受竞走专业训练。夏平回忆这段经历时说："从那时起，我就在高度竞争的环境中成长，每天都在为成为全队最优秀的人而努力。"

幸运的是，夏平遇到了当时最优秀的教练——有"中国竞走教父"之美誉的王魁。他也被称为"魔鬼教练"，对运动员的训练和指导十分严格，每一个动作细节都纠正到位。他无数次地叮嘱着运动员们:"注意膝盖不能弯,脚不要抬太高。"

"王魁教练在运动场上的严苛让大家感觉他不近人情。有一次,我练到嘴里都冒着血腥味儿的地步,想歇一歇,教练却大声地说'你还没死,就得走',后来,这句话成了我的座右铭。优秀运动员身上就是要有不服输、敢于拼搏的体育精神。"夏平说。

虽然在训练场上王魁教练很严格,但生活上他对夏平十分关心。正所谓严师出高徒,夏平的竞走成绩突飞猛进,他对自己的体育事业越来越有信心,为走向全国积蓄力量。

在体校训练3年多,夏平在跑道上练习竞走一圈又一圈,冬天冒着刺骨寒风,夏日头顶炎炎烈日,趾甲盖都脱掉了好几遍也从不叫苦。他一年到头见不到家人,连书信往来也很稀少,内心深处充满了对亲人的思念。为了能帮助还在东北农村的家人们,1989年夏平决定加入山西省体工大队,仍然在跑道上铆足了劲日复一日地训练,为四年一届的全运会做全面准备。

深圳参赛遭遇运动员生涯"滑铁卢"

1990年,第七届全运会预选赛在深圳举办,20岁的夏平信心满满,跟随教练来到了南方这座滨海城市,深圳花团锦簇、高楼林立的景象给他留下了特别深刻的印象。

全运会50公里竞走比赛预选赛是在深南大道上举行,当时有来自全国近百名竞走运动员参赛,由于参赛人数较多、计时手段落后而产生混乱,造成了夏平等几位选手多走了一圈(2公里),结果夏平在预选赛环节就被淘汰了。

比赛结束后，夏平走在深圳的街头，心里空落落的，一方面对自己的运动员职业生涯失去了信心，也不想再继续刻苦训练，另一方面，深圳的繁荣景象让他心潮澎湃。他梦想有一天能在市场经济大潮里搏击，闯出点名堂。

作为职业运动员从省队退役后，夏平被分配到山西省新闻出版局，后来又受聘为太原供水集团的职员。

那个时候，夏平每个月工资只有300多元，他时常感觉前途黯淡，很想抓住新的机会来证明自己的能力，去改善家人的生活条件。出于这个朴素的想法，夏平晚上开始在太原的街头练摊，从卖3元一碗的麻辣汤起步，开帽子服饰店，承揽工程项目，再到开商场，他的每一次转变，都让亲友们眼前一亮。

"我喜欢挑战，喜欢做从没有做过的事情，也常常顶着亲友们质疑的眼光开辟一些新业务，这些新业务的成功也给我带来了财富。"夏平自称是一个不安分的人，"做运动员的时候，每一天的成绩都会被刷新，今天我比别人走得快一点，第二天又可能被队友超越，所有的荣誉都属于过去，运动员要不断地挑战自己的极限，不断地刷新纪录，这种精神让我对创业过程中暂时取得的一点成绩感到很淡然，我就这样一直在未知之中往前走，永不停步。"

再度来到深圳要闯出一片天地

2012年，夏平在山西太原的事业发展遇到瓶颈，虽然衣食无忧，却很难再有新的突破。他再度来到深圳，这里依然车水马龙，生机勃勃。夏平想：自己曾在这里摔倒，就要从这里站起来，从另外一个战场上找回尊严，而这个战场就是高科技创业。

夏平带了3名新招聘来的员工，到华强北电子市场去了解琳琅满目的电子产品，考察了3个月时间，最终决定做执法记录仪产品。

同年9月，夏平在深圳福永注册了深圳警圣技术公司，一共花了一年半，投资数百万元，终于开发出第一款执法记录仪产品，通过了公安部门的专业检测，并接到了来自湖南省某县公安局的第一笔订单。

"那是一个十几万元的订单，我亲自去福永汽车站给客户发货。"夏平说，"我组织人员集中精力对产品进行打磨，我很喜欢倾听用户的反馈，因为'实践是检验真理的唯一标准'，用户会告诉我什么是好产品。执法记录仪、信息采集站、铁鹰无人机等产品逐渐完善，我们成为公安部警用装备采购中心协议供货商，产品销售到了全国各地公安局。我不喜欢去'挖人'，而是喜欢培养人，他们可能只是一名普通的维修工，在警圣技术工作3年就能成长为技术精英；也有一个在北京街头开花店的小老板，因为创业失败刷爆了信用卡，后来被聘为警圣技术重庆分公司销售员，然后凭着勤奋和聪明，一步一步把业绩做起来，一直做到大区经理，现在他已经被提拔为警圣技术的总经理。"

警圣技术总经理祝伟是一个憨厚朴实的"80后"，他说："我于2023年1月被任命为总经理，几年前，我除了负责销售工作外，夏平还特意安排我管理生产和技术支持等事宜，让我的能力得到全面锻炼，我很感激在人生落魄的时候加入了警圣技术团队，应该说，夏平是我的伯乐。他一再给我说，做人要先立德，品德不好的员工在警圣技术是待不下去的。"

卖掉办公院落只为投入软件研发

俗话说：人无远虑，必有近忧。夏平是一个危机感很重的人，尤其在

4G 执法记录仪　　5G 执法记录仪

销售直线上升的时候，他反而比别人更早地感受到危机："如果我一直销售执法记录仪而不懂得超前布局，那就可能陷入一种'温水煮青蛙'的状态，因此我必须提前布局最新的技术研发。2015 年，我了解到公安系统用户有一项新需求，感觉到国内正要加快研发'无线图传与音视频管理平台'，为此，我提前布局。2017 年四川省执法音视频管理平台招标金额是 500 多万元，而我当时以 50 万元中标，以同样的低价策略，警圣技术又在重庆市和吉林市的执法音视频管理系统招标中胜出。"

为何要以如此低的价格夺得项目呢？夏平解释道，从执法记录仪的订单赚到的钱，用来补贴新产品开发，迅速做出行业里的样板工程，然后再在全国各地的其他招标项目中胜出，这就是警圣技术的策略。他认为，做企业最大的底线就是国家利益高于一切，在国家最需要的时候，自己有能力就一定要用全力顶上去，务必以最快速度解决行业的痛点。当时，警圣技术的销售利润不足以支撑如此庞大的新项目研发，夏平除了把多年的积蓄投入企业中，2016 年不得不低价出售位于东北老家一座价值数百万元的办公院落，将所获资金全部投入技术研发。出售办公院落的那天，夏平的母亲老泪纵横："我儿子一定是遇到了困难，可我们也不能阻拦他的决定，

第一章　草根崛起成佳话　　029

我知道他脾气太倔强。"

夏平把大笔资金用来招聘软件工程师，组建技术团队，跟四川省公安厅、重庆市公安局等密切配合，一起开发5G音视频融合平台。他说："因为警察对公安业务最熟悉，他们与警圣技术的软件工程师沟通与合作两年时间，打磨出了公安系统所迫切需要的执法音视频管理平台，可以说没有公安技术部门很多警察同志的帮助，就没有警圣技术的今天。四川省公安厅的5G融合音视频管理平台一共接入6万多台执法记录仪，管理平台访问量最高峰每秒达上千次。我们以大数据技术为支撑，积极推进执法系统的智能化水平。"

直到2018年5月，警圣技术在新三板挂牌上市，这时距离夏平母亲去世一周年，夏平内心怀着对母亲的深深愧疚："母亲只看到了我遇到的困难，天天为我担忧，却没有看到我们企业发展起来了，打出了名气，这是我一生最大的痛。"

经过公司不断投入以及研发团队的不懈努力，警圣技术目前已经取得了包括人脸识别监测软件、5G音视频执法仪大数据平台等56项软件著作权，并取得了双高清执法记录仪、红外执法记录仪等8项发明专利和23项实用新型专利、21项外观设计专利，是公安部GA/T947-2015行业标准起草单位、公安部警用装备采购中心协议供货商。警圣技术研发的执法音视频管理系统客户遍布全国各地，包括福建省公安厅、贵州省公安厅、中国民航空中警察总队、北京市公安局、南宁市公安局、乌鲁木齐铁路局、黑龙江省司法厅、虎门海事局、武汉市城市管理局等。2019年，警圣技术销售额达到8000多万元，创历史新高。

虽然经历了那么多的挫折和心酸，夏平却对企业的发展抱着一种必胜的信念。他笑言自己没有白活一世："做运动员的时候，把身体的潜能挖

警圣技术在新三板挂牌上市

到了极致；后来创业10多年，又把脑袋瓜子用尽了，可以说没有浪费身上的一点资源。企业发展的社会责任除了需要带给社会财富，还需要不断培养员工，让员工在这个平台上获得技能的提升和人格的升华，成为对社会有用的人才。"

疫情冲击下从"红色文化"中吸取力量

然而，2020年初新冠疫情席卷全球，警圣技术跟众多的中小民营科技企业一样，发展速度受到了严重的影响。夏平知道越是困难时期，队伍越不能垮。2021年2月底，夏平带领近50名团队骨干来到了江西瑞金学习，参观了瑞金革命烈士纪念馆、叶坪革命旧址群、中央革命军事委员会旧址、沙洲坝革命旧址群。

对"红色文化"和毛泽东思想有深厚感情的夏平说:"我带队伍到瑞金重走长征路,就是要学习共产党人在最困难的低谷期仍然坚持理想,最终星星之火成为燎原之势,我希望警圣技术在遇到发展障碍的时候也能保持这样一种自强不息的精神风貌。"

参加了这次瑞金之行的祝伟感触颇深:"2021年初,我们公司发展也到了最艰难的时期,业绩出现了下滑,我参观瑞金的时候深切感受到红军坚持的伟大,心想只要再多坚持一下,把自己和团队的能力多提高一些,企业未来才能发展得更好。"

如何能让公司在困难时期更稳健发展?在夏平的部署下,警圣技术做到了三点:一是开源节流,早在2020年初,夏平在龙岗区租下了12000平方米破旧不堪的工业园,进行精心的装修改造后,建成了焕然一新的"警圣创智园",一部分场地自用于生产和研发,另一部分出租孵化中小科技企业,将所获得的租金回报又补贴到新产品研发中去。二是加快研发布局,

夏平带领团队前往江西瑞金参观学习

让研发人员苦练内功，迅速推出更优质的新产品。从瑞金回来，警圣技术团队更有凝聚力，加快北斗应急形变监测系统的研发速度。这一北斗位移监测技术可以将监测精度提升至毫米级水平，能够实现垂直位移监测，对大坝安全、电力铁塔、铁路隧道、水利河道、基坑安全、桥梁结构健康都能实现在线监测。2022年8月，警圣技术发布了《北斗应急形变监测系统》团体标准，并在各地开始拓展应用市场。同时，对警圣技术团队成员加快"换血"，增加5G技术软件开发人员占比，2023年初新招30多位员工，进一步增强了研发团队的力量。三是抓好警圣技术的软实力建设和品牌建设，警圣技术成为AAA级企业信用等级企业和国家高新技术企业。

对于夏平来说，在企业发展低谷期，政府部门雪中送炭更是弥足珍贵。深圳市科创委和龙华区科技创新局陆续给予了企业研究开发资助补贴，为警圣技术不断研发新产品提供宝贵的助力。公司秉承"因追求而超越，因超越而前进"的发展理念，将业务范围从过去的公安、司法领域，拓展到交通、海事、城管、安监和工商管理等领域，企业发展有了更强劲的生命力。

走路带风的夏平，说话却慢条斯理："创业就像50公里竞走比赛，如果前面20公里走得慢，剩下30公里还有机会提速也能实现超越。有人称赞我事业做得成功，其实我自己觉得发展速度还太慢，成绩微不足道。未来十年，警圣技术将以过去的两三倍速度发展，要成为一家对社会有更大贡献的科技公司。"

| 创 业 指 南 针 |

草根创业者要耐得住寂寞和痛苦

每一位草根创业者,其实都是"孤勇者",他们都曾对峙过绝望,都曾孤身驰骋商场,之所以能闯出一条"血路",就是凭借骨子里的坚韧顽强、越挫越勇、永不服输的精神。正如运动员出身的创业者警圣技术董事长夏平所说:"草根创业者没有任何可以炫耀的资本和资源,在创业过程中一定要耐得住寂寞和痛苦,认真、认真、再认真,是走向成功的不二法则。"

嘉合劲威董事长张丽丽就是这样一位耐得住寂寞和痛苦的优秀草根创业者。她说:"从 2007 年来深圳创业开始,我一直就在存储领域干,从没换过赛道,转眼已经 15 年。创业是一个异常艰苦的活儿,没有一家企业可以随随便便成功,要想做到行业数一数二,没有十年的艰苦奋斗是不可能的,特别需要持之以恒的精神。草根创业缺少的东西很多,缺资金、缺人脉、缺技术,因此只有依靠坚持和专一,才能闯出一番名堂。"

张丽丽坦诚地说:"在漫长的企业成长过程中,我们会遭遇各种难关,有的年头可能是特别缺资金,有的年头最缺技术人才,我们会每年解决一个老大难的问题,然后一步一步往前走,也就是坚持、坚持、再坚持,最终走到今天,成为一家员工超过 200 人、年营业收入约 10 亿元的国家级高新技术企业,坚持不懈成就了今天的嘉合劲威。"

如何才能做到坚持不懈?张丽丽回答:"在困难的时候,要换个角度来看这个困难,从长远角度来看,这个困难可能并不是真正的困难,不要让自己在困难面前绝望和迷失了方向,而要从战略上蔑视困难,战术层面想办法去跨越它、解决它,如果你真的做到了,最终你会发现困难已经解决了。我们每年回头看自己是否比上一年做得更好,不断鼓励自己,给自己正面反馈,才能有信心一直坚持下来。路虽远,行则必至;事虽难,做则必成。"

夏平认为,草根创业者因为没有太多的管理经验,也缺乏一些社会资源,所以在创业路上一定会遇到各种各样的"坑",交不少"学费",而跨越所有的"坑"是成功者必不可少的过程。那么,创业者对这些"坑"也要心怀感恩,而不是抱怨和憎恨。"比如,我们花了不少时间和精力培养起来的一些人才,却被同行用高薪给挖走了,我曾经对'背叛者'感到愤怒。后来我突破了这个心理障碍,因为我如果感觉愤怒,其实是跟'背叛者'为伍了,被他们同化了,所以我还是要坚持自己的原则,坚持正确的用人主张,遇到值得培养的年轻人我仍然要给予他们信任和锻炼的机会。"夏平说,"感谢创业路上遇到的各种'坑',让今天的警圣技术更加成熟和强大!"

创业者在漫长的创业道路上遭遇到这些"坑"的时候,无人可商量,必须独自面对和承受,面对亲友的质疑和误解也无从解释和辩驳,因此要承受常人无法理解的痛苦。往往越是困难的时候,越需要强颜欢笑,一边焦头烂额地应对困难,一边给员工打气、给客户信心,经过种种痛苦磨炼之后的草根创业者,则具有更强大的心脏、更包容的胸怀和更能忍受的耐力,这就是草根创业者百炼成钢的一个锻造过程。

草根创业者更有韧劲,更能吃苦耐磨,耐得住寂寞,有的草根创业者不断地试错、踩坑,失败了从头再来,可以说很多成功者是"磨"出来的,心胸也是由经受过的各种委屈撑大的；有的草根创业者善于寻找合作伙伴，找创业搭档来弥补自己的短板，形成一个完美的创业团队。

草根创业者董亮一手创办了中科欣扬，7年后，成为合成生物学领域的明星企业，他的诀窍就是"要选优势互补的创业伙伴"。他知道自己擅长于技术和市场，所欠缺的是资本运作，在找合作伙伴的时候就找到有创投经验的董欣欣，而且两人对重大事情的看法和判断基本一致，这也是他们能带领企业越做越好的一个根本原因。

一个人包打天下的时代早已过去，创业是一个系统工程，需要一个优势互补、紧密配合的团队，聪明的草根创业者深谙此理，当他们找到了志同道合的搭档，形成一个创业班子，并把公司当作命根子来经营，遇到困难一起想办法解决，正所谓"二人同心，其利断金"，这恰恰是创业成功的关键。

第二章 放弃安逸去奋斗

一个尝试错误的人生,不但比无所事事的人生更荣耀,而且更有意义。

——萧伯纳

岳敏，曾是锂电材料头部企业贝特瑞的总经理，他辞去总经理职务，创办深圳市研一新材料有限责任公司，获得第十三届中国深圳创新创业大赛新材料行业决赛企业组一等奖。

张翀，曾是富士康资深研发主管，她创办的深圳鳍源科技有限公司研发出一系列水下机器人，产品已在130余个国家和地区销售。

吴俊阳，曾担任深圳供电局设备部的主管，辞职后走上创业道路，创办的深圳库博能源股份有限公司入选工信部第三批专精特新"小巨人"企业名单。

邓小白，曾是全球最大快递速运商UPS亚太区高管，辞职之后创办深圳蓝胖子机器智能有限公司，荣获2020粤港澳大湾区"杰出青年企业家"称号。

曾乐朋，曾担任上市公司先健科技首席医学官和有源事业部负责人，辞职后创办深圳市先健心康医疗电子有限公司，研制的临时起搏器获得第十四届健康中国论坛"十大医疗器械"称号。

他们都曾在大企业、大平台上取得过亮眼的成绩和高管职位，明明拥有了安逸生活的条件，却偏偏走上创业的道路。他们的创业动力从何而来？他们又将走向何方？

放弃安逸去奋斗，追逐梦想不停步。

"我始终把产品品质放在第一位,提出'极端品质,品质即人品,品质即尊严'。"

岳敏,深圳市研一新材料有限责任公司、碳一新能源集团有限责任公司创始人、董事长兼总裁,深圳市地方领军人才。

2021年,深圳市研一新材料有限责任公司获得第十三届中国深圳创新创业大赛新材料行业决赛企业组一等奖。

岳敏：

勇当新能源新材料的领头羊

2023年初，深圳市研一新材料有限责任公司（简称"研一新材"）宣布，公司研发的正极补锂添加剂可实现精准补充、激发电极主材料体系最大潜力，提高锂电池的能量密度和翻倍延长锂电池的循环寿命。目前，这款补锂添加剂产品已实现量产，取得国际国内头部客户认可，已形成批量出货。该产品将推动储能电池进入商品化时代，将给锂电行业带来革命性变化。

研一新材的创始人、董事长兼总裁岳敏属于国内锂电负极材料（天然石墨负极材料、Si系负极材料、硬碳负极材料）的开创者，此前作为贝特瑞新材料集团股份有限公司（简称"贝特瑞"）创始人之一，长期担任锂电材料龙头贝特瑞的总经理并兼任总工程师，用了8年时间带领贝特瑞

研一新材获奖证书

负极材料实现从零到全球第一。

岳敏在天然石墨及锂电材料领域研发及产业化道路上阔步行走30年，他说："我坚信未来推动全球经济发展的仍然是能源，但是，是新能源，研一新材是一家以'加速传统能源向新能源转换，推动新能源革命实现，解决卡脖子技术'为使命愿景的新材料公司，自2019年初成立以来，已经获得深创投、晨道资本、红杉资本、高瓴资本、赛富投资基金等多轮投资，累计融资金额十几亿元，进行中的C轮融资更是受到多家颇具影响力的资本追逐与青睐，未来3年有望登陆资本市场。"

| 研发奇才被"挖"来深圳开创锂电负极材料行业

2002年是岳敏第一个10年人生规划即将期满的日子，其第二个10年人生规划是进入国有企业，正好在这期间一位来自贝特瑞的采购人员出现在洛阳冠奇工贸有限责任公司（简称"冠奇工贸"），说是买了冠奇工贸生产的球形石墨材料出现了质量问题，要求面见该公司常务副总经理兼总工程师岳敏。

"我后来才知道，贝特瑞在获得宝安集团增资后，无产品、无市场、无技术，在行业内到处打听在天然石墨行业真正有水平的技术研发人员。一圈打听下来，得知我虽然从不出头露面，但我才是他们真正想挖的人才。我当时在冠奇工贸工作了接近10年时间，正希望有机会去一家国有性质的企业去锻炼，贝特瑞的股东宝安集团正好是国有性质的企业。贝特瑞准备用球形石墨研发电池负极材料，因为当时锂离子电池负极材料被日本企业一手垄断，日企产品占全球95%的市场份额，日本负极材料企业将岳敏在冠奇工贸开发的球形石墨材料廉价买回去，简单改性处理后以高于40倍的价格再卖回中国。当时中国锂电池产业处于起步阶段，作为锂电池产业重要材料的负极材料却被国外垄断，行业处于空白。身为一个中国人咽不下这口气，我立志一定要自主开发负极材料，将日本负极材料厂家赶出中国，并打入日本市场。而彼时的贝特瑞正好就是这样的平台。同时，我也期望有机会跟贝特瑞创始人、有机化学研究所原所长于作龙教授学习，就答应了加盟贝特瑞。"岳敏回忆道，1993年他刚入职冠奇工贸是做化验室主任，半年后独立承担项目，研发的第一个项目是天然鳞片高纯石墨。岳敏21岁那年从化验室主任被破格提拔为技术厂长，23岁担任公司常务副总经理和总工程师。随后平均每一年出一个新产品，并于2000年成功开发出球形石墨材料，为全球锂电行业发展奠定了坚实的基础。

按照自己定下的第一个10年人生目标，在民营企业冠奇工贸工作整整10年，岳敏于2002年底来到贝特瑞担任常务副总经理、总工程师。在加盟贝特瑞初期，为了起步和生存，他围绕天然石墨深加工做起了生意。他发挥所长，集中精力做研发，在短短不到半年时间开发出了碱性电池专用高纯石墨，用一年的时间获得金霸王电池认证，实现批量供货。2003年从金霸王电池拿到3000吨订单，这对于贝特瑞是巨大的喜事。岳敏业绩出众，次年董事会换届被任命为公司总经理。

然而，岳敏还没来得及高兴太久，上任不到3个月，由于工厂设备老化、管理混乱、产线设备故障频发，难以正常生产，从而导致品质事故不断，索赔一单接一单。岳敏感到孤助无力，身心疲惫，开始怀疑自身是否适合做总经理，也暗暗打起了退堂鼓，心想干脆做回总工程师，只做自己最擅长的研发工作。可董事会对他十分信任，宝安集团也关怀鼓励他，坚决支持他放手去管理企业。在辞去总经理无望的情况下，中期会议之后，岳敏做出了一个勇敢而艰难的决策，砍掉了负极材料之外的所有业务，与负极材料无关的人员也全部裁减，鼓励他们带走碱性电池业务自己创业，将总经理职权授权其他副总，亲自抓研发和生产，一头扎进车间。他每天就守在生产车间里连轴转，3 个月之后，随着设备和产线的更新，工艺与工程技术不断完善，再无品质事故发生。

岳敏说："我始终把产品品质放在第一位，提出'极端品质，品质即人品，品质即尊严'，而且集中所有的力量聚焦负极材料的研发生产，我现在想想如果当初没有把其他所有业务砍掉，也许就无法成就贝特瑞在负极材料领域的龙头地位。"

| 带领贝特瑞成为负极材料行业龙头

2005 年，贝特瑞高容量、高性价比的天然石墨复合负极材料生产稳定，发展势头喜人，可岳敏的处境却变得很尴尬。原来，公司里的部分高管开始针对他，企图用各种招数将他排挤走。

岳敏孤身一人南下深圳，并不想跟这些人对着干，但又不想被轻易挤走，因为他第二个 10 年目标还未实现——把洋品牌负极材料赶出中国市场并进入日本市场。他思索再三，决定利用智慧为自己争取空间，于是立下军令状，提出"5114 工程"并呈报给宝安集团主席。他在一张纸上写得清清楚楚："5"就是第 5 年将企业利润做到 5000 万元，"1"就是每年以翻一番的速度增长，"1"指用 5 年时间做到全国市场占有率第一，"4"谐音"死"，"5114"的背后含义是"不要我死"。

宝安集团主席看到了这张白纸黑字的"5114 工程"军令状，刹那间醍醐灌顶，于是给予岳敏更大的信任，让他放手去干。从那以后，岳敏没有了后顾之忧，在贝特瑞开始大展拳脚，带领团队成员心往一处想，劲往一处使。到 2008 年，贝特瑞的负极材料市场占有率做到全国第一，2011 年更是超过日立化成，排名全球第一，提前两年实现目标。

"2011 年，贝特瑞终于将海外竞争对手赶出了中国锂电市场，并将中国生产的负极材料打进了国际市场。"岳敏说，"三菱化学还曾派人到公司来找我谈专利事宜，我想，你们从 2000 年开始用的就是我的专利技术开发的材料，还用得着跟我谈专利问题吗？我果断地拒绝跟他谈这个话题，并明确告知'专利问题没得谈，也不需要谈'，后来三菱化学再也没有提及了，但生意照常做。三菱化学内部的一些研发人员对贝特瑞技术团队慕名已久，日本籍研发人才大浦靖后来追随我来到深圳，加入了研一新材，成为我们电解液团队的研发总监。"

2010 年，当贝特瑞即将成为全球第一，岳敏又将贝特瑞战略调整为"创造需求，引领未来"，没有战略的调整，就没有贝特瑞硅负极材料从 2005 年立项开发，一直坚持未放弃，直至成功。为了研制硅负极材料，岳敏带领团队十年磨一剑，终于在 2013 年实现了硅负极材料的产业化，并成功进入韩国市场，并一直引领负极材料发展方向。而且贝特瑞坐上了全球市场占有率第一的交椅，保持至今，2021 年实现了百亿级企业的目标。

"一个人成功离不开平台，贝特瑞就是一个非常好的平台。作为宝安集团的子公司，贝特瑞前期 10 多年的发展得到宝安集团的信任和支持，贝特瑞给了我一个很好的事业平台。从 2016 年开始，贝特瑞迅速发展，公司营收规模由 21 亿元迅速攀升至 2018 年的 40 亿元以上，并始终保持在这一水平。我在 2017 年对新能源产业有两个基本的判断，就是未来推动全球经济发展的仍然是能源，但是，是新能源。当'锂电储能＋太阳能发电的综合成本每度小于 0.15 元，则能源革命得以实现'，同时直觉判断锂电行业已经处于爆发成长的前夜，但新能源汽车、储能要真正实现商品化，需要颠覆性创新。"岳敏对锂电行业理解很深，他希望抓住锂电爆发的机会超前布局，大干一场，期望推动新能源革命，解决"卡脖子"技术。但由于贝特瑞未能成功上市，受制于资金，要做大规模超前布局，他这时在贝特瑞内部推动这件事需耗费至少2—3年时间，他感觉遇到很大阻力，心灰意冷，贝特瑞很难实现他这一伟大梦想。而市场机遇稍纵即逝，他不甘心放弃拼搏的机会，随即下定决心选择急流勇退。从2018年开始，在内部实践内部创业新机制下，放手培养接班人，逐步退出管理层，从担任了15年的总经理位置上退下来，出任贝特瑞董事、副董事长，2019年开始正式以内部创业的方式自主创业。

| 研一新材横空出世，打法与众不同

研一新材注册于2019年，此时的岳敏一边在进行工作交接，一边开始考虑自主创业的方向。

"研一新材肯定不能用过去成功的方式去经营。一次，在出席日本电池产业研讨会时，我请特斯拉研发人员吃饭交流，他提出想做一种新材料，用补锂添加剂提高能量密度，我当场表示能否让我们团队来开发这个新材料。在特斯拉正式启动这个项目时，他们在全球同时找了7家新材料公司来研发补锂添加剂，看哪一家能率先做出来稳定的补锂添加剂。"岳敏说，"经过一年多时间，其他家逐步放弃，最终研一新材坚持下来，成为唯一研制出让特斯拉满意的补锂添加剂的企业。"

可特斯拉的电池体系一直没有推出来，研一新材随后获得了给LG化学送样的机会。这时发生了一个小插曲：由于研发团队都是刚刚毕业不久的学生，缺乏经验，过程记录不完整，随意性大，在第一次送样获得客户

初步认可后，客户追加样品，研发团队再也无法重复生产出客户需要的样品。拖延近3个月后，又临近春节，研一新材的科研人员一边怕公司领导批评，一边又无法给客户交代，私自把并未达到合格标准的补锂添加剂样品给LG测试。岳敏知道后十分生气，正值2020年初新冠疫情发生，正处于封闭状态，在疫情稍稍放松之后，岳敏把所有实验记录进行了汇总，将自己关在办公室茶室，连续三天反复研究所有的实验资料，分析查找原因。第四天，他叫来了项目负责人夏博士，然后分成两个团队，由他和夏博士一人带一组，按各自的技术路线分别做实验，最终，岳敏带领的研发小组在2组试验后就研制出了合格的补锂添加剂产品。

"研一新材的打法与贝特瑞完全不一样，贝特瑞初期研发是从模仿、跟进、赶上到赶超，市场策略是从小客户到大客户，从国内到国外。研一新材恰恰相反，产品研发是瞄准行业最高水平，竞争对手出货的最高水平就是研一出货的最低标准，市场是从头部企业入手，发挥头部企业效应再销售给其他的企业，这样就站位更高，发展更快。"岳敏介绍道。

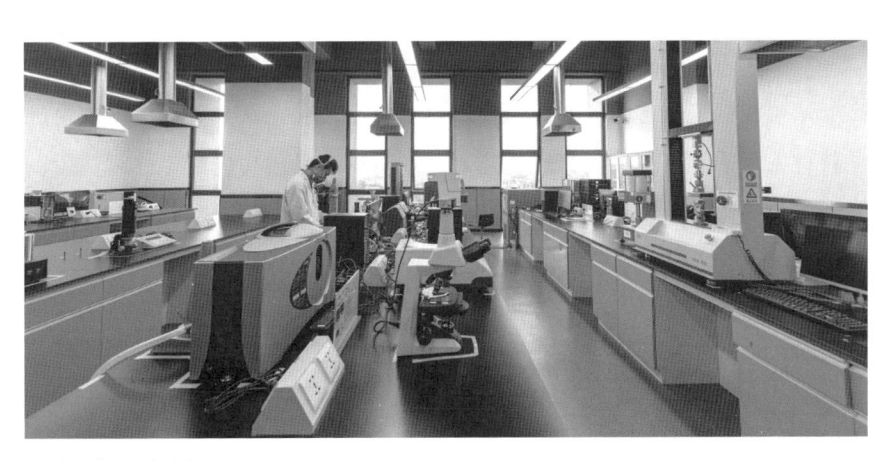

研一新材的研发实验室

鲜有人知的是，研一新材与众不同的市场策略实际上是被"逼"出来的。最早，岳敏曾带队给客户上门推广研一新材的产品，客户坦诚地说："你们的产品和进口产品对比，没有明显的优势，我们替换的动力不足，由于成本影响低，也不愿冒风险去国产替代。如果能让行业龙头企业先用，那我们自然就敢用你们的产品进行国产替代。"

岳敏回来之后，调整公司整体销售方法，研发项目团队专注于产品开发且只针对头部大客户攻克，不再去广泛推广，而是"置之死地而后生"，因此岳敏团队专门瞄准头部企业的需求和痛点做技术攻关。2019年5月，岳敏收到宁德时代提出需要一种高粘结力的产品开发的迫切需求，岳敏认为这是一个突破点和机会点，让刘俊博士带领项目团队到安徽宣城集中攻关，聚焦所有资源，力出一孔，协同攻关。基于项目团队多年的研发积累，以及团队24小时连轴转，经过3个月集中攻关实现从小试到量产，岳敏将该产品命名为"A ONE"，All in One，希望将该产品做到极致，而以"A ONE"命名的一体化粘结剂，成功实现了一款粘结剂对CMC/SBR（羧甲基纤维素/聚苯乙烯丁二烯共聚物）的替代。

"A ONE"产品量产当月实现百吨级发货，获得行业龙头宁德时代的高度认可和肯定，与此同时，研一新材也引起了晨道资本的关注，并给研一新材做了千万级的首轮投资。当研一新材的产品成功进入宁德时代后，其他客户的风险意识就低了，测试和导入的意愿增强了，顾虑和担心也随即消除。

顶级投资商青睐研一新材团队

作为在锂电池材料产业耕耘20多年的老将，岳敏清楚地知道，与正极材料、负极材料、电解液和隔膜四大主材有所不同，粘结剂、添加剂等锂电功能材料虽然对锂电池的整体性能具有重要的影响，但由于产品种类多、技术难度大、整体市场规模小，在过去近20年的时间里，不论是产业还是资本都没有在相关领域投入足够多的资源，导致相关产品严重依赖进口。随着国际形势的急剧变化，新能源汽车及锂电池这个中国的战略优势产业，随时面临被国外企业"卡脖子"的风险。

当然，锂电功能材料对研发和创新有重度的需求，是习惯用资产体量、产能规模、市场资源和价格优势进行竞争的，是国内企业所不愿意去碰的"硬骨头"。而以研发和创新为DNA、专门为啃这种"硬骨头"而设立的研一新材，一旦获得技术突破，将拥有很深的"护城河"，其他企业只能跟随模仿，但无法超越。正如一位著名投资人所说："岳敏选了一条没人敢走的路，可谓剑走偏锋，当然他一旦成功，也没人能与其竞争了。"

岳敏创立研一新材的初衷就是希望能在锂电功能材料细分领域有所作为，补齐中国新能源汽车产业链中的短板，解决"卡脖子"技术。而这个选择，一旦从战略的高度做了清晰的阐述，精明的投资人马上就能判断其中所蕴藏的机遇。因此，在研一新材前几轮的融资过程中，岳敏基本上都是与顶级投资机构的决策人沟通，半个小时内就敲定了合作。这让他们感到非常兴奋，不仅明确对研一新材的投资意向，更是表达了全面长期合作的意愿。深创投、晨道资本、红杉资本等知名投资机构参与了多轮投资，高瓴资本更是在B+轮给予研一新材5亿元重磅投资。

研一新材创立以来最大的成功，就是聚集了一批有共同志向、三观一致的优秀人才，研发博士团队成员来自中国及美国、英国、日本、法国、韩国、新加坡等的名校，这是研一新材持续稳定发展的根基，也是中国新能源事业的未来。知名投资机构看重研一新材的创业团队，而在岳敏看来，研一新材要做行业一流的产品，开发一流的技术，选择投资人也选一流的投资机构。

建立循环生态，深植环保理念

一位好的企业家不仅关注利益，更要承担社会责任。研一新材在进一步提升锂离子全生命周期绿色化革命中采取了一些举措，主要体现在采用创新的生产工艺减少"三废"排放和引入循环再利用技术变"三废"为原材料，形成完整的循环生态。

岳敏举例说，研一新材电解液添加剂中的TMSP/TMSB（TMSP是指磷酸，TMSB是指硼酸）的生产，采用硅氮烷和磷酸反应，得到目标产物和氨气废气。虽然氨气能够吸收不会给大气造成污染，但这部分原子不进入产物中并不经济。研一新材通过先进的催化手段，成功地把废气中低浓度的氨气与三甲基氯硅烷（大宗低值化工原料）合成得到高价值的原料硅氮烷，同时产生的氯化氢气体可以与DTD（锂离子电池电解液的添加剂）产线中的氯化氢一样，通过水吸收逐步浓缩成可用的高浓度盐酸。由此实现70%以上的循环利用效率，进一步降低产品成本，提高竞争力。

另一个关于研发正极边涂胶的故事，也很好地体现出岳敏的绿色化革命理念。正极边涂胶是应用在正极极耳上的一类产品，对正极起到绝缘保护作用，对电芯的安全起到重要的作用。传统的正极边涂胶主要是将PVDF（聚偏氟乙烯）与勃姆石按一定比例混合使用，一方面，PVDF与正极铝集流体之间较弱的粘结力导致涂层在电解液浸泡中很容易脱落，从而引发电池内短路，发生起火；另一方面，这种应用方案的专利掌握在部分电池企业手中，其他企业运用存在巨大的专利风险；再者，PVDF为含氟材料，其原材料 R142b 属于消耗臭氧层物质，易造成环境污染。

鉴于此，研一新材于 2019 年底组建了项目团队进行极耳胶产品开发，经过团队 3 年潜心研发，开发出了性能远超 PVDF 的产品，也获得头部客户的认可，即将准备大批量导入。但是产品生产过程会产生大量废液，对于员工和环境都存在潜在的安全风险。这个产品做还是不做，摆在了岳敏面前。

"全部立刻停止！"岳敏没有犹豫，果断做出了决定。污染环境，危害员工健康，不符合可持续发展的产品，即使再赚钱，研一新材坚决不做。于是，大家立即组建攻关团队，完全摒弃原来的技术路线，积极集智聚力，引入中山大学教授团队和日本技术专家，团队紧密配合，锁定聚酰亚胺材料新工艺方案。

在不到 3 个月的时间内，实现了产品小试定型、中试验证、客户通过以及量产放大，体现了研一新材研发速度和团队的攻坚能力。相比传统 PVDF 技术路线，研一新材创新地运用可设计性强的聚酰亚胺材料，不仅产品性能指标提升 10 倍以上，而且产品生产过程不产生任何"三废"，无环保安全问题，更为重要的是研一新材还拥有该技术路线的知识产权，客户可以放心使用。研一新材团队也不满足于对现有技术的全面提升和替代，聚酰亚胺正极边涂胶的二代产品也已经实现量产，三代产品也已经技术定型。

| 深创赛夺魁，企业插上腾飞翅膀

2021 年金秋，研一新材获得第十三届深创赛新材料行业决赛企业组一等奖。岳敏说："我们参加深创赛的项目是补锂添加剂的研发与产业化，获奖是对我们工作的高度认可,激励了团队的士气,对我们在深圳申请产业载体进行产业化也有不小的帮助,随着补锂添加剂在储能领域大规模应用,将对锂电在储能领域的应用带来革命性变化,为储能电池大规模商业化普及奠定了坚实基础。2022 年出台的'20+8'政策,是深圳市政府高瞻远瞩的重大战略布局,我们倍受鼓舞,研一新材横跨新能源、新材料两大战略性新兴产业发展重点集群,无疑将从'20+8'政策受益,也希望为深圳的产业集群发展贡献自己的力量。"

研一新材自成立之日起,就注入了持续创新的基因,用一系列创新产品在锂电功能材料领域很快打响了名气,在补锂添加剂、PI(聚酰亚胺)特种高分子材料、水性导电粘结剂、新型电解液添加剂开发等方面进行研发和创新,将流动化学技术成功应用于锂电材料行业、新型复合集流体的开发、固态电池及其材料等方面也获得了开创性的成果。

总部位于龙华区观澜街道银星智界二期的研一新材,如今已经在广州、厦门、杭州、无锡、南京、成都和日本大阪设有研发中心,在浙江衢州、四川眉山和江苏无锡建有大型化工生产基地,在安徽宣城及深圳龙华建有中试基地。截至 2023 年 2 月,团队共 618 人,累计申请专利 190 多项。

四川生产基地

浙江生产基地

雄关漫道真如铁，而今迈步从头越。岳敏向笔者描绘心中的美好蓝图："随着产能建成并有效释放，研一新材的业绩2023年将跨上一个新台阶，锂电功能材料是企业的第一增长曲线；企业布局了复合集流体、钠电正极材料、医药中间体等新的业务领域，并积极拥抱人工智能、实验机器人、模拟仿真等先进技术，与高通量大数据、量子化学、计算化学、材料芯片等新兴技术相结合，探寻大幅提高新材料研究开发效率的方法及路径，这将构成公司的第二增长曲线；同时，企业还面向未来布局了固态电池及其材料，计划用10年左右的时间，实现固态电池的商业化，这是公司的第三增长曲线。"

创业是一场漫长的马拉松，注定充满了艰难险阻；而创业如果是瞄准一座高峰去攀登，那么在登顶的时候就会觉得所有的付出都值得。为了解决中国锂电功能材料受制于人的局面，岳敏带领着他的团队攻坚克难，奋勇前行，正如他所言："我坚信只要心中有目标，路再远总有一天会到达。"

———

"工程师就像一个手拿魔法棒的魔法师,可以用技术的力量改变世界,仿佛拥有点石成金的超能力。"

张翀,深圳鳍源科技有限公司创始人、CEO。

2020 年 9 月,深圳鳍源科技有限公司荣获第十二届中国深圳创新创业大赛龙岗区预选赛暨第一届"龙岗城投杯"创新创业大赛企业组总决赛一等奖。

张翀：

领军水下机器人的巾帼英雄

2023年新春伊始，深圳鳍源科技有限公司（简称"鳍源科技"）创始人、CEO张翀盘点过去一年的成绩时，欣喜地说："去年鳍源科技成功入选深圳市'专精特新'企业，在上海和台湾成立了新的研发中心，而且在风电行业推出了'一站式海上风电解决方案'，参与了云浮沉船摸探作业，意味着水下机器人的应用场景获得了更多的拓展。"

张翀，这位从富士康走出来的女性创业者，以其独特的研发视角和精益求精的匠心追求，带领鳍源科技持续引领水下机器人行业发展，为行业用户提供更多的人工智能解决方案。

︱在富士康磨炼心智

2005年8月，富士康第二批"新世纪干部培养班"招聘了近百名应届毕业生，毕业于宁夏大学电子信息工程专业的东北姑娘张翀有幸成为其中一员。她还没有为入选"未来储备干部"高兴太久，就被"扔"到了生产线上实习3个月。

"在生产线上跟普通工人一样的工作，不论是对体力，还是对意志力都是一个巨大的考验，"张翀若有所思地说，"我记得当时事业部总经理对我们说，你们现在创造的价值还不如生产线上一名熟练的操作员，你们有什么值得骄傲的呢？后来，当我成为一名合格的工程师之后，我才意识到在生产线实习的经历多么重要，你会认识到产品设计得再好，如果不能实现量产，那也不能称之为一个产品。"

张翀是一个喜欢边干活边总结的人，她从生产线上磨掉了"骄娇"二气，养成了吃苦耐劳的精神，还熟悉了工艺流程，为日后做工程师打下了较好的工艺基础。

后来，在事业群六西格玛项目大比拼的时候，张翀的六西格玛项目提案夺得了第一名，让领导觉得她的潜力巨大，做事靠谱。

于是，张翀被提拔为项目经理，带领团队负责国际一流客户产品线项目的研发，包括参与苹果手表、任天堂 Wii/NDS（一种家用游戏机）、索尼 PSP（一种掌上型游戏机）等经典产品的研发。"这是一段极为珍贵的经历，我所在的网通产品事业群是富士康收购台湾国基电子后新成立的一个事业群，致力于无线网通产品的研发。我很庆幸在自己职业生涯的起步就有机会扎根到一个蓬勃发展的行业里，接触到了世界顶级的客户，了解他们的技术需求和产品定位等，树立起自己的产品价值观。"张翀语速飞快地说道，"富士康绝对不是简单地做外包生产，而是不断赋能给客户。"

站在巨人的肩膀上，张翀默默眺望着无线技术未来发展的远方，思索着自己能从哪里入手，做一款可以改变某个行业的黑科技产品。

2008年，富士康选派人去日本做技术支持，当时筛选的条件就是对网通产品线掌握最全、能够用英文流利交流、熟悉质量管理体系，张翀是最符合条件的人选，于是被派到日本工作2年。在日本，张翀工作之余学会了潜水和水下摄影，这也为她日后创业埋下了种子。

首次众筹获得珍贵客户

目光敏锐的张翀经过调研发现，水下人工智能在军事、资源勘探、考古、科研等高精尖领域已得到广泛的应用，但由于产业结构、价格、非标准化、技术等问题，始终没能在商用及民用市场中得到普及。当前各行业中相关水下场景对人工作业的安全性和效率需求不断提高，产业数字化转型的压力急剧上升，其中作为重要基石的水下设备——水下机器人，将存在巨大的市场需求。

2016年，张翀和两个小伙伴成立了鳍源科技，这是一家集水下机器人研发、生产和销售为一体的科技公司。

毫不夸张地说，张翀创业的起步阵容非常豪华，由小米黎万强先生、创新工场李开复先生进行天使轮投资近千万元，公司核心团队均来自华为、大疆、富士康等国内著名公司，业务主要以水下机器人系统及水下大数据为核心，构建水下机器人系统 + AI（人工智能）+ 大数据 + 服务的人工智能解决方案，致力于用创新科技赋能海洋探索，开启 AI 改变海洋场景。

2017年春天，鳍源科技在 Indiegogo（美国的一个众筹平台）平台上为第一款水下机器人首次发起众筹，每台水下机器人定价25000元，即使如此高的售价，可仍然收获了一批十分珍贵的海外客户：奥巴马科学顾问及微软创新研究院院长克雷格·J.蒙迪（Craig J.Mundie）、亚马逊欧洲区总经理拉乌尔·海因策（Raoul Heinze）、格莱美纪录片摄影师迪安·克罗普（Dean Cropp）、迪拜王子等。

张翀感激地说："通过自主研发的产品，有机会接触到这些人物，特别让我感动，比如，微软创新研究院院长克雷格·J.蒙迪那年7月份度假时使用了我们的水下机器人，反馈了非常详细的使用日志，对我们产品的首次迭代特别有帮助；亚马逊欧洲区总经理拉乌尔·海因策是资深的潜水玩家，去希腊度假的时候，穿着鳍源文化衫，举着水下机器人一起拍了照片发给我们，后来在鳍源科技要去欧洲做配件仓储的时候，拉乌尔·海因策也提供了协助和建议。"

2017年9月16日，万众瞩目的亚洲智能硬件大赛决赛在上海鸣锣开赛，海选共收到亚洲8个国家超过300个硬件团队报名，最后只有包含鳍源科技（中国北京分赛区冠军）在内的15个团队进入上海总决赛的舞台。经过激烈角逐，鳍源科技FIFISH水下机器人团队成为本届大赛冠军。该奖项是鳍源科技在荣获2017美国CES创新奖、2017中国设计智造大奖（简称DIA）、2017亚洲最具潜力海洋科技奖、全球创新者大会颁发的"未来使者"奖之后，又一次在水下机器人领域成功探索的见证。

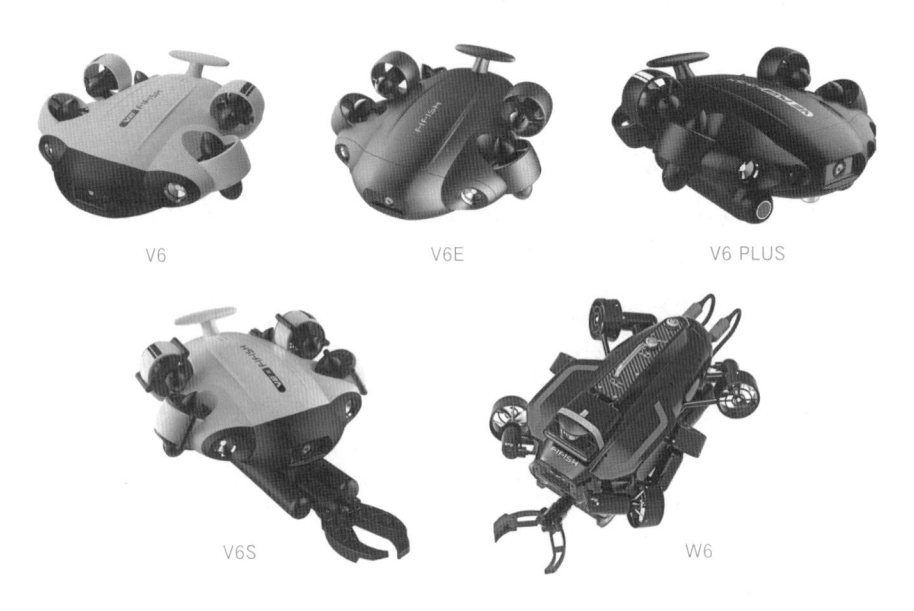

V6　　　　　V6E　　　　　V6 PLUS

V6S　　　　　W6

鳍源科技的各种产品展示

| 烧光了钱之后何去何从

"虽然2017年我们在国内外各类大赛上获得了不少奖项,有很多高光时刻,但我们犯了技术型创业者的通病,就是自以为技术牛就可以做出好产品,忘了去虚心聆听用户的真实需求,所以产品叫好不叫座,市场做得并不好。"张翀直言不讳,"2018年夏天,我们的天使轮融资烧光了,这个时候要么公司关门,要么我再去找笔钱维持公司运转。"

张翀把自己关在屋里思考了两天两夜,她想到小伙伴们夜以继日地加班研发,想到宝贵的海外用户发给自己功能改进建议的邮件,想到投资人给予的信任和鼓励,想到自己带两名同事第一次带着样品闯荡美国拉斯维加斯CES展,这一幕幕鲜活的记忆,让她觉得不能在这个时候放弃。如果这个时候半途而废,那以后就不会再有机会去创业了。

她把房子抵押给了银行,把多年打工的积蓄拿了出来,凑齐了750万元,全部投入公司的运营之中。

"没钱之后,选择反而比较简单了,把钱花在了刀刃上,去解决最根本的问题,而且我们更重视市场反馈对于产品方向的优化迭代了,比如,有一位北欧的用户给我们反馈,为什么开机的时候镜头里会看见一层水雾,经过工程师分析,发现是由于深圳气候潮湿,生产过程中镜头会受潮,工程师立即针对这个细节问题进行了改进。"张翀微微一笑,"2019年公司实现了正向现金流,如果没有三年疫情的影响,公司会发展到一个更高位的水平。"

鳍源科技在技术上不断地突破累积,针对水下场景做了大量技术研发与产品创新投入,实现"算法软件技术创新+硬件底层技术突破"的研发双通道,在动力及控制系统、流体设计、水下成像及通信与定位等方面成果不断，目前团队已拥有100多项发明及实用新型专利，并多次获得美国CES创新奖、德国iF设计奖、日本G-MARK设计奖。

| 融资路上的"幸运儿"

2021年9月，媒体公布了鳍源科技完成数千万元B1轮融资的消息，小米集团、顺为资本为本轮投资机构。本轮融资后，鳍源科技进一步加大水下人工智能相关技术的布局，持续推动产品的研发迭代与核心团队扩充，在消费及专业行业市场深耕场景的闭环解决方案。

面见小米创始人雷军的场景，至今让张翀记忆犹新。她说："见雷军之前，我对加入小米生态链还有点不确定，但出于对雷军这位创业前辈的好奇，去见面之前我查阅了一些关于雷军的资料，看到一篇报道里有人提问，我们如何找到自己热爱的事情？雷军回答'碰到什么做什么，做什么就爱什么'。这句话对我的触动非常大，我们不能把所有的事情都做一遍来确定自己是否热爱，也不能原地踏步等风来，但我们可以把很多事情做到极致，做成自己的热爱，在这个过程中磨炼更好的自己，等风来的时候，乘风破浪，顺势而为。后来跟雷军见面20分钟，我们聊得很舒畅，他待人的谦逊态度，对产业的深刻洞见，对商业逻辑深刻的理解，让我发自内心地佩服和尊敬，最终小米战投和顺为资本决定给我们数千万元的投资。"

小米战略投资部董事总经理蒋文表示，随着海内外渔业养殖、船舶业、市政工程等多行业对水下机器人的需求日益旺盛，以及广大潜水及摄影爱好者对消费级智能化水下机器人的期待持续加深，水下机器人赛道是大有可为的，并将在未来3—5年出现领军企业。鳍源科技凭借其优秀的技术实力和产品创新力，已占据先行优势。

在张翀看来，此次战略融资对鳍源科技发展意义重大，通过B1轮融资，鳍源科技获得了行业龙头企业及基金的战略赋能，在产品架构升级优化、团队发展、市场开拓等方面加大投入，继续深耕水下机器人核心技术及应用的研发与创新。公司结合小米生态链带来的战略资源实现更高效发展，未来，鳍源科技将同小米在C端产品线深入合作，为广大消费者提供优质的产品和服务。

2022年初，鳍源科技宣布完成数千万元B2轮融资，同创伟业资本为本轮投资方，资金主要用于水下行业应用整体解决方案的深耕和推广，继续加大在分布式算力、感知技术以及智能算法等领域的进一步投入。同时，鳍源科技将搭建全球线上平台，布局全球核心技术壁垒，加速全球商业化布局及行业渗透。

产品让外国客户赞赏有加

令张翀自豪的是，鳍源科技的相关产品已在130余个国家和地区销售，海外销售占公司业绩90%。在开拓海外市场的过程中，有太多的精彩故事留在张翀的脑海里。

她说："2019年春天，我们的联合创始人第一次去拜访德国知名代理商GLOBELIGHT，公司负责人起初并不重视我们这个名不见经传的中国小公司，可当说到鳍源科技的产品并不是单点技术突破，而是一个产品线，有配件扩展能力，还能给多个行业赋能的时候，德国经理眼睛发亮，并延长了交流的时间，很快就签下了代理协议。同年底，挪威渔业展开幕，鳍源科技来不及报名参展，只能在展馆门口摆地摊，却无意间收获了两位非常好的北欧代理商。"

在张翀的带领下，鳍源科技一边不断地向全球拓展销售渠道，一边马不停蹄地针对不同应用场景开发好产品。在专业行业场景下，鳍源科技推出行业级水下智能机器人聚合平台及小型水下智能机器人，并针对不同行业定制了丰富的配件矩阵，其产品被广泛用于渔业养殖、管道检测、船体及海上作业平台检测、应急救援等领域，服务对象包括挪威三文鱼养殖场、日本东京电力公司、新加坡吉宝船厂，以及中国的南水北调中线干线工程、香港渔农署、深圳水务集团、中科深海等。在图像民用领域中，鳍源科技提供电影级水下生产力工具，能够实现4K超高清视频、每秒240帧慢动作等视频录制，目前已被众多电视台、流媒体平台及专业影视公司使用，服务对象包括中央电视台纪录频道、国家地理频道、探索发现频道以及福克斯电视台、YouTube、腾讯视频等。

水下机器人应用于海上风电项目

水下机器人应用于桥梁检测

水下机器人应用于应急救援消防演练

水下机器人应用于渔业养殖

好的产品可以给代理商和合作伙伴带来更多的价值，优秀的代理商也能帮助鳍源科技在当地将营销做得更深入出色。鳍源科技日本总代理商将鳍源科技的水下机器人产品做到日本细分行业的占有率第一。而且，日本水产厅对购买鳍源科技产品的日本当地渔民可以提供一定的补贴，日本国土交通省还运用鳍源科技的水下机器人对堤坝进行检测。鳍源科技的产品在渔业养殖、监测以及水质检测、水下检测方面做出一定的贡献，达到了节省人力、提高效率及环保的效果，鳍源科技的水下机器人是被日本政府推荐使用的唯一水下机器人产品。

经过几年的海外拓展，鳍源科技在海外市场形成了一定的势能，在欧洲、美国、日本等主要地区和国家建立了非常紧密的合作伙伴网络，对当地市场有较强的市场掌控能力；在售后维护及服务方面，企业通过在全球建立12个售后中心，可以形成长期稳定的销售支撑；在2020年至2021年疫情影响下，依然保持了2—3倍的稳定增长。

｜ 不断挺进新的应用领域

张翀对自己的工程师身份感到自豪，她用女性特有的感性语言说道："工程师就像一个手拿魔法棒的魔法师，可以用技术的力量改变世界，仿佛拥有点石成金的超能力。"

越来越多的水下机器人应用场景，不断激发出张翀的研发灵感。海上风电作为国内新兴的涉水行业，在水下运维方面几乎处于空白状态，海上风电运维主要分为桩基基础检测、冲刷及地形检测和海缆检测。传统检测主要是潜水员摸排及船载浅地层剖面仪扫测，存在的问题包括面临着海底电缆裸露、桩基水下部分生物附着及金属结构腐蚀、施工过程中不可控导致海缆未按原计划彻底被泥土覆盖、海缆弯曲限制器脱落等,这些问题穷出不尽,无法得到及时解决。

"基于海上风电运维的痛点,水下检测机器人的优势日益凸显,已成为海上风电水下监控的一个重要手段。鳍源科技 FIFISH 行业级水下智能机器人聚合平台,搭载包括光学、声学、磁力等传感器以及 3D 抗流自锁浮停系统、U-QPS 水下快速定位系统等多功能附件,可完成海上风电的桩基基础检测、冲刷及海缆检测,评估桩基与线缆安全性和可靠性,为海上风电日常运维提供安全高效的可靠支撑,提升海上风电项目施工的作业效率,为实现'碳达峰、碳中和'目标助力。"张翀介绍道。

此外,水下机器人可以辅助甚至替代人类完成危险、繁重、复杂的水下工作,提高工作效率与质量。水下救援一直都是行业的难题,尤其是水流湍急、水质浑浊、能见度低,下潜深度有局限,潜水作业难度大等复杂的环境,让救援工作困难重重。她说:"鳍源科技推出的黑科技——U-QPS 水下快速定位系统,能实行搜救路径规划,进行快速定位,自动航行到记录标记点的位置;搭载成像声呐系统,可有效识别浑浊的水下物体,快速进行水下搜索打捞救援,保障生命安全。"

根据数据市场研究机构 (Data Bridge Market Research) 及大观市场研究机构 (Grand View Research) 发布的《全球水下机器人行业研究报告》,水下机器人市场预计复合年增长率为 11%—13.5%,在预测期内实现大幅增长。2017 年市场价值为 25.2 亿美元;预计 2025 年将达到 67.4 亿美元,2029 年将达到 80.3 亿美元。鳍源科技的民用级水下机器人产品线具备广泛的底层技术及工业设计能力,基于国产化科技创新及供应链优势实现了小型化设计、强人工智能技术赋能及规模化生产等特点,以更高的性价比、更快的部署能力和更好的操控性,为民用消费级市场提供了新的生产力工具及娱乐设备方案，提高了市场拓展效率。

中国拥有辽阔的江河海域以及丰富的水下资源，具备大力发展"水经济"的极佳条件，在政策引领、行业刚需及个人消费升级的三重因素推动下，水下机器人大有用武之处。张翀带领着鳍源科技迎风破浪，在全球海洋经济版图上用来自深圳的科技力量开疆拓土，引领未来。

"我们如今走出一条迈向成功的创业之路，是时代和产业赋予了我们如此难得的黄金机遇。"

吴俊阳，深圳库博能源股份有限公司总经理。

2021年夏天，深圳库博能源股份有限公司入选工信部第三批专精特新"小巨人"企业名单。

吴俊阳：

敢于坚持就能等到春暖花开

2023年2月10日，深圳库博能源股份有限公司（简称"库博能源"）东莞企石工商业和电网级储能系统生产基地盛大开业。随着红色幕布揭开，这座位于广东省东莞市企石镇东山木棉工业区，耗时一年筹备的大型现代化储能系统生产工厂呈现在众人面前，标志着库博能源从此拥有GWh（亿瓦时）项目快速交付能力，整体实力进一步提升。

库博能源联合创始人兼总经理吴俊阳无法忘记，2015年从深圳市南山区科技园留学生创业大厦200平方米的小办公室起步，到今天拥有4.8万平方米现代化生产基地，库博能源走过一段怎样曲折的发展之路。既有"春风得意马蹄疾"的辉煌时刻，更有"屋漏偏逢连夜雨"的低谷时期，而这一切都已经成为历史，当下是库博能源最好的发展时期。

吴俊阳手握超5亿元的待执行的订单，还有源源不断的国内外订单在洽谈中。他真诚地说："如果当年我们没有辞职创业，我们一定会后悔，而我们如今走出一条迈向成功的创业之路，是时代和产业赋予了我们如此难得的黄金机遇。"

从海归高才生到扎根深山的工程师

2008年，从英国剑桥大学工程系博士毕业的吴俊阳面临人生的选择。他的师兄师姐大多进入了投资银行等金融机构，而当年发生了全球金融风暴，他最终还是选择坚持自己的专业。

"我在校期间主要负责研究大功率晶闸管在直流输电中的应用，因此我选择回国，加入了南方电网科学研究院直流所，从事直输电流输电系统的研发和调试工作。"吴俊阳回忆最初的工作经历，"我被所里派到云南楚雄参与中国第一条 ±800 千伏直流输电系统云广线的建设和系统调试，那一年多的一线工作经历让我记忆犹新。"

吴俊阳具体的工作地址是在云南省楚雄彝族自治州下辖的禄丰县的楚雄换流站，这座新建的换流站藏在深山老林里，一进入站里就没有手机信号，在这个与世隔绝的状态下，他昼伏夜出地工作着："由于晚上线路负荷小，所以我们大多数时间在晚上调试和作业，我们早上睡觉，中午上山，工作到凌晨两三点回到县城住所是常态。从海归毕业生到深山里的工程师，心理上不可避免地产生了巨大的落差。"

可他并不是一个轻易打退堂鼓的人。在这里，他在工作实践中增长了不少专业知识："过去，电感和电阻对我来说是书本上的符号和仿真软件里的一个器件，当我看到变电站现场真实的器件时非常震撼，比如，±800 千伏的主变压器有四层楼那么高，变压器高压穿墙套管均压环有几百公斤重，完全颠覆了我的认知。"

2009年7月9日晚上7点，楚雄发生了6级地震。那天，吴俊阳在变电站工作到深夜，换流站抗震性能非常好，他并没有感觉到震感，而由于没有手机信号，他对地震消息一无所知。次日，他睡觉醒来，发现有几十个未接电话，才知道地震的消息已经传到广东，亲友们纷纷询问他的安全。

在楚雄换流站工作的那段时间，在前辈和站里老师傅的指导下，他进一步地熟悉了主变压器、隔离开关、电流互感器、电压互感器、电抗器、母线、电容器等系列变电站主要器件的操作规程和工作原理，巩固了所学的专业知识。在作业的过程中，也了解了站里一个设备的故障及缺陷，如果不及时处理会给工作人员带来生命的危险、给社会带来巨大的经济损失。他说："就在基层工作的那个阶段，我知道做输变电工作责任极为重大，安全无小事，稍有不慎就会危及生命，这也是我日后创业紧绷着一根质量安全弦的原因。"

| 对比发达国家寻找创业的先机

吴俊阳 2010 年参与组建智能电网研究所，对充换电站、智能配电网和储能系统等进行了深入研究，并担任了南方电网第一个兆瓦级储能电站科研部分的项目经理。

"2011 年 9 月，南方电网完成了中国第一个兆瓦级的铁电池储能电站的建设及并网的工作，这就是位于龙岗区的深圳宝清电池储能电站，充放电可以超过 12 兆瓦时，或以 3 兆瓦的最大输出功率持续 4 个小时，这在当时是一项很突出的技术，采用了比亚迪的环保铁电池技术，主要是引导全世界采用环保电池技术来建造储能系统。"

吴俊阳还参与了南方电网"十一五"智能电网的战略规划，向国内的顶级电力专家请教智能电网未来发展方向，并带领团队多次获得电网科学进步奖。2012 年，吴俊阳来到深圳供电局设备部担任主管，为期三年，其间曾被南方电网派到美国杜克能源公司交流学习了3个星期。

"在美国,我了解到美国电价每15分钟波动一次,美国电力系统有'实时'的概念,运行日的前一天制订次日的发电计划,包括负荷预测、机组开停机情况、发电机组处理计划和联络线计划等,通过日前发电计划的制订,增加运行的计划性,减轻实际运行日内的实时调度压力。"吴俊阳解释道,"国内的电力市场改革目标就是要通过价格机制,把发电的成本变化反映到终端用电价格上,2014年国内开始推动电力市场改革,2015年3月,中共中央、国务院发布了新的电改方案(中发〔2015〕9号文),新一轮改革涉及电价改革、放开市场等一系列核心内容。"

吴俊阳一边思考着电力体制改革未来的方向,一边跟同事门锟博士多次讨论电力体制改革背景下,有哪些创业的机会。门锟博士曾是西门子EDEA公司高级工程师,在那里负责了西门子历史上最大的EMS(能量管理系统)开发和升级工程,2010年作为南方电网首批引进的海外高层次创新人才加入南方电网科学研究院,历任首席技术执行官、研究所副所长,主要从事电力系统仿真计算分析及仿真软件开发,主导开发了南方电网第一个具有自主知识产权的大规模交直流系统计算分析软件。他对智能电网、能源互联网、储能系统都有深刻的见解,跟吴俊阳是志同道合的好朋友。

两人对未来创业的方向有共同的看法,那就是未来电力数据会很值钱,通过对客户的用电数据分析,结合电价策略,帮助客户节省基本电费,然后从节省的电费中分成,这个商业模式在国内还没有,于是,他们俩和在工作中认识的有着10多年创业经验的徐斌一起,于2014年底在深圳南山区注册成立了库博能源公司。

创业起步即成命运的"宠儿"

2015年4月,吴俊阳从南方电网辞职,开始全身心投入创业,他主要负责企业的运营、市场规划以及产品战略。

"2016年库博能源就实现了盈亏平衡,并且获得了由松禾资本和前海母基金等机构的天使轮投资700多万元。"吴俊阳感觉创业刚起步就受到了命运的眷顾,库博能源不仅获得投资机构青睐,而且在留学生创业园、深圳市科创委等单位的大力支持下,还获得了海归人才的资助和创业资助。

库博能源起步就靠着给客户提供节电软件,采取节电分成模式,累计获得了1000多家客户,2017年销售收入1800万元,2018年营收过亿元。

吴俊阳说:"政府对我们的研发资助其实帮助非常大。在市科创委提供的技术攻关项目500万元资助下,我们开始自主研发储能设备,最初和上能电气联合开发储能逆变器,自己研发电池管理系统和控制器,2017年初就推出了第一代集装箱储能产品,在市场上获得了很好的反响。"

2018年,由于库博能源发展势头迅猛,投资机构关注到库博能源这匹"黑马",A轮融资进行得很顺利,由启明创投领投、松禾资本跟投,给予了5000万元投资,而且当时估值也比较高。

也许起步过于顺利,让创业团队感觉要起飞了,加上当时国内储能产业正在蓬勃兴起,各地都在做很大的储能项目的规划,在2018年底企业年终总结会上吴俊阳信心满满地说:"全国储能市场行情井喷,2019年库博能源准备大干一场,肯定会迎来翻倍的成长。"

库博能源的工厂

| 不惧低谷的到来，坚持奋勇搏击

兴奋劲儿还没消退，2019年5月国家就出台了新规定：电储能设施不得计入输配电定价成本。这对电网侧储能发展的制约影响不言而喻，一时间国内井喷的储能产业一下踩了"急刹车"，原本各地要下的订单也纷纷取消了，库博能源陷入创业以来的第一次危机。

其实，就像一枚硬币的两面，在危机中也藏有机遇。正因为市场随着政策波动太大，库博能源团队想到"两条腿"走路才有利于企业的长期稳健成长，于是瞄准海外市场开始做准备。

工欲善其事，必先利其器。库博能源投入了500万元办理海外储能产品的全系列认证，不到两年时间，产品先后获得了UL9540（储能系统与设备安全标准）、UL9540A（电池储能系统热失控扩散评估测试方法）、NFPA855（固定式储能系统安装标准）等国际权威认证，同时，通过参加海外展会和专业协会，寻找优质客户。

本来做好了出海的准备，可没有想到2020年初开始席卷全球的新冠疫情阻挡了他们赴海外参展的脚步。库博能源只能另辟蹊径，加入了美国储能协会、欧洲储能协会，通过视频会议远程与海外客户沟通，2020年开始陆续接到海外的订单，而且国内也有了一些储能设备订单，当时预计2021年的业务会有喜人的增长。

"没想到，2021年竟然是我们最艰难的一年，因为2021年4月北京集美大红门储能电站发生爆炸事故。该事故发生后，全国各地开展了对所有用户侧储能电站的安全隐患排查，我们公司的国内订单全都停滞了，外地同事都在致力于配合当地政府的消防检查。"吴俊阳说，"当时公司长达半年没有什么订单，士气低迷，三分之一的员工离职，这是我创业以来遇到的最严重困难。"

好在库博能源团队是一个敢于战斗、敢于坚持的团队，秉着"东方不亮西方亮"的思路，销售团队加快了海外拓展的步伐，哪怕来自海外的一个几十万元的小订单，对整个团队也释放出了积极的信号。

2021年夏天，库博能源入选工信部第三批专精特新"小巨人"企业名单，并于2018年至2021年连续四年在中关村储能联盟统计的国内储能集成厂商中排名前十。这些点滴的喜讯，都鼓舞着库博能源坚持走下去。

同年7月，国家发改委发布了一个新的电价政策，要求各地扩大峰谷价差。站在现在全国各地拉闸限电越演越烈的角度看，这个政策非常有必要，因为它以价格手段引导用户错峰用电，一定程度上缓解电网调峰压力。吴俊阳表示，拉大峰谷电价政策的实施，肯定会刺激用户侧储能的增长，这对储能企业无疑是个好消息。

两个月后，又传来一大政策利好，国家能源局官网发布了"国家能源局关于印发《新型储能项目管理规范（暂行）》的通知"，强调要推动新型储能积极稳妥健康有序发展。此后，相关部门还先后就发展储能行业出台了一系列的扶持政策，储能产业渐成主流赛道。库博能源熬过了行业的寒冬期，一下子苦尽甘来，订单开始逐渐增长，即使在半年没有订单的情况下，2021年销售额仍达到1.4亿元。

国内储能项目现场图

综合实力超群，勇士终将胜出

2022年2月，库博能源凭借出色的研发创新能力与优秀的储能产品，入围慕尼黑国际太阳能光伏奖项，成为继三星SDI（三星集团在电子领域的附属企业）、LG Chem（韩国电池制造研发企业）、比亚迪等后，第五家入围的亚洲企业及第三家入围的中国企业。同时，这也是中国制造的微电网系统首次入围该欧美权威展览会奖项，是库博能源储能创新实力的体现。

吴俊阳介绍，本次参选的产品为库博能源自主研发的FlexCombo微电网储能系统，是国内首个通过UL9540的微网储能产品。该产品支持并/离网无缝切换，适用于光伏、风电、柴油发电等多能源应用场景，为绿色低碳用能提供更优化的能源解决方案。"海外的客户很青睐这款产品，我们的储能设备和系统专注于工商业用户侧储能，从欧洲的商业楼宇到非洲的部落村寨，都有库博能源的储能系统的身影，库博能源在电力数据和电网运营赛道上声名远播。"

2022年库博能源的销售订单接近10亿元，由于受限于产能，只完成其中的4.2亿元。因此，对于2023年库博能源销售额突破10亿元，吴俊阳表示这是个大概率事件，扩产后的东莞生产基地可以在2023年发挥更大的威力。

最令吴俊阳感觉自豪的是，2022年的销售收入中海外收入占比超50%，而在2021年海外销售收入仅占10%。之所以海外收入大增，主要原因是库博能源是第一批拿到美国UL9540A认证测试报告的中国企业，UL9540A认证测试报告相当于是打开海外市场的"金钥匙"，显示了企业对储能安全的重视和在集成设计方面的能力。

2022年,库博能源赴德国参加慕尼黑国际太阳能光伏展览会

面对发展迅猛的电化学储能市场,吴俊阳充满信心:"未来,我们希望成为储能行业内优秀的系统集成运营商。当前,我们依然会深耕用户侧市场,因为这个市场随着峰谷价差政策的调整,其市场空间才刚刚打开。此外,海外市场空间依然巨大,各种认证的通过及商业渠道的逐步建立,海外营收已经快速增加,随着全球疫情的缓解,期待海外销售业绩创新高。"

吴俊阳认为,他和两个创业伙伴一样,都属于保守型的创业者,这有利于企业在低谷期保存实力。如今不论是对于行业,还是对于公司来说,都是非常好的时代,巨大的市场机会出现后,还要取决于公司有没有能力尽快把握住，尤其在储能安全性问题上，更是要有"如履薄冰"的敬畏心。

位于深圳市南山区的库博能源总部办公室装修一新，办公室里人头攒动，一派欣欣向荣的景象。作为一个朝阳行业，电化学储能赛道上一定会涌现出一批优秀的企业，而拥有"海归基因"的高管创业团队——库博能源必定是其中的佼佼者。

"我最大的幸运是生在一个好时代，创业正好赶上国内'大众创业，万众创新'的火热氛围。"

邓小白，深圳蓝胖子机器智能有限公司联合创始人兼CEO。

深圳蓝胖子机器智能有限公司荣获第十四届中国深圳创新创业大赛行业决赛企业组优秀奖、第十一届中国创新创业大赛优秀企业。

邓小白：

我最大的幸运是生在一个好时代

2022年夏天，DHL（中外运敦豪国际航空快递有限公司）在芝加哥召开"DHL Robotics Hour"媒体发布会，宣布DHL eCommerce在其亚特兰大配送中心启用深圳蓝胖子机器智能有限公司研发的蓝胖子智能分拣机器人DoraSorter，并表示蓝胖子智能分拣项目已成为DHL eCommerce投资1亿美元建设五年自动化计划的一部分。

深圳蓝胖子机器智能有限公司（简称"蓝胖子"）是一家机器人解决方案提供商。"80后"邓小白是蓝胖子的联合创始人兼CEO，他踏上创业之路后，蓝胖子获得了创新工厂、云锋基金等多轮投资，2019年入选达沃斯世界经济论坛"技术先锋企业"，他本人获评2018福布斯亚洲"30位30岁以下精英"等称号。

人们都说邓小白是众多创业者中的"幸运儿"，他对此表示："我最大的幸运是生在一个好时代，创业正好赶上国内'大众创业、万众创新'的火热氛围，因此企业融资就有了很好的机会。加上遇到全球现代物流大发展的黄金时代，蓝胖子抓住机遇打磨产品，服务全球大客户，快速成长起来。作为机器人解决方案提供商，为合作伙伴提供有成效、有影响力的方案是我们一直在努力的方向。"

在跨国企业平台上迅速成长

邓小白作为一名跨国企业高管，头顶有不少光环，自 2012 年加入 UPS（美国联合包裹运送服务公司），两年内升任亚太区管理层，此后，还入选了 IDG 资本"自由人"计划、"格莱珉中国"项目。

在人才济济的跨国公司平台上，邓小白为何能脱颖而出呢？这与他独特的成长经历密不可分。他出生于广东顺德，自幼身边就有很多人在经营企业，很早他就对物流行业产生了兴趣。邓小白中学阶段曾在 EMS（中国邮政速递物流股份有限公司）做暑期工，那个时候他就发现传统物流行业存在效率低下的弊病。

2008 年，邓小白进入中山大学国际商学院，2010 年提前毕业后先进入一家咨询公司工作，之后再入职摩根大通。"在摩根大通工作期间，我对物流公司仍念念不忘，直到一次偶然的机会，让我入职了 UPS 物流公司。当时，我在去斯里兰卡出差时不幸感染了登革热，在被隔离期间看到了 UPS 物流公司的招聘启事，于是决定跳槽。"邓小白回忆道，"我在 UPS 美国总部工作了不到两年时间，主要从事公司对亚洲的投资及仓储自动化工作。当时正好是全球智能手机规模化成长时期，一些优秀的中国智能手机品牌正走向东南亚和北美市场，需要寻找物流领域的合作伙伴。我那时在 UPS 美国总部工作，帮助总部看到了这个增长点，UPS 愿意用资源支持扩张中的中国智能手机企业，包括提供仓库、进出口便利、打通最后一公里的资源等，让手机的终端客户满意，不到一年时间，智能手机就成为 UPS 亚洲区增长最快的业务板块之一。加上我之前拥有咨询和投行的工作经验，和很多亚太地区的大企业高层有比较好的关系，帮助 UPS 成功落地了亚洲区域的几个大项目，26 岁便进入公司亚太区管理层岗位。"

加入 IDG 资本"自由人"青年创业者计划

邓小白并不是一个享受安逸的人,他虽然很快进入了 UPS 区域总部的管理岗位,但相比周围比他年长不少的属下尚显稚嫩,而且他自认为当时的能力相对于一家世界 500 强公司区域总部管理岗位的要求还有所欠缺,内心很想去看看一些发展更快的领域,比如,人工智能和物流会有更多结合的商业领域,吸引着他去探索。

本来,邓小白打算进入一家国内高科技公司,学习一些经营管理和业务模式,积攒经验到 30 岁再考虑自主创业。

命运之神却总会给人惊喜。一天晚上邓小白在刷微博,偶然看到了 IDG 资本正在招募"自由人"青年创业者:每年给创业者 10 万美元,工作地点随意,时间随意,什么事都不做,只需要想一个未来创业项目计划。"在 10 万美元的诱惑下,我毅然投了简历,写了过去的经历,最后自信地写道:我其他的东西都比不上马云,但是我比他年轻,并且我比他帅,所以我应该进入这个项目。几经面试,我正式加入了'自由人'青年创业者计划。"

IDG 是最早一批进入中国的外资投资机构,邓小白加入后,头一个月是跟着 IDG 投资经理去看项目。他说:"跟着投资经理累计看了 200 多个项目,当时国内创业氛围可谓热火朝天,各种 O2O(线上线下相结合的一种模式)、手机软件、智能硬件项目等五花八门,让我得到了很好的学习机会;一个月之后才开始逐步考虑自己创业。基于之前的工作经历,我看到物流行业在自动化与智能化方面有很大的优化空间,于是将注意力放在梳理各种物流需求上。我还兼职参加了一个创业团队,体验了一下如何'从 0 到 1',了解草创期创始人之间如何组建团队,如何融资,发生争执又如何互相妥协的。这段经历对我的成长帮助很大。"

那时，同为"IDG自由人"的祎舟知道了邓小白对物流机器人领域很感兴趣，就把自己的高中同学张浩介绍给他。祎舟如此描述张浩："他自幼对机器人痴迷，也非常喜欢哆啦A梦，希望能创造出一个像哆啦A梦一样的全能机器人。"

邓小白第一次见到张浩，和他交流了5个小时仍意犹未尽。张浩在电子科大电子工程系就读期间，参加了学校的机器人队，并在Robocon 2009比赛中获得季军。2010年8月他成为果壳网第一批员工，一年后联合创办了北京创客空间，这是中国第一家创客空间，2012年6月他创立Dora开源机器人项目，在同年9月联合创办Puzzlebox Production，在Kickerstarter（美国的一家众筹网站）上建立了意念控制飞行球Puzzlebox Orbit的众筹平台。2014年2月，张浩创立了蓝胖子机器人公司，负责机器人系统架构算法研究。

"我发现两人都执着、有梦想、有远见。张浩多次在国际机器人比赛中获奖，技术能力强，涉及的技术领域广泛，短板是对商业层面没有过多的思考，而我的强项是在物流公司的工作经历以及对物流领域改善空间与需求的认识。我俩之间互补性极强，一拍即合，这也成为我们携手创业的起点。同时，由于我在UPS的工作经历，UPS就成为我们最早的客户，也是我们最早的投资人。"邓小白介绍道。

三个志同道合的小伙伴携手创业

2014年，蓝胖子诞生在深圳南山区柴火空间的一个角落里。创业初期，只有邓小白、张浩和周丹旦三个人，抱着三台笔记本电脑在位于深圳华侨城的这家创客空间中一个10平方米的工位上写代码。

自学成才的天才资深软件工程师周丹旦是蓝胖子的另一位联合创始人，张浩和他配合在公司成立半年内完成第一代通用机器人 MOMA，同时进入了 Amazon Picking Challenge（亚马逊分拣挑战）决赛。

从那以后，蓝胖子团队每年都会去参加亚马逊的机器人比赛。在亚马逊的机器人比赛上，蓝胖子团队认识了很多优秀的人才，也把其中很多人招募进了蓝胖子团队，比如，蓝胖子澳大利亚研发中心的技术负责人亚当·陶（Adam Tow）就是2017亚马逊机器人大赛（Amazon Robotics Challenge）冠军团队领队；深圳的技术负责人伊利亚（Ilia）也来自亚马逊机器人大赛，目前负责蓝胖子整个机械臂项目的技术和产品，是蓝胖子最重要的技术人员之一。

除此之外，邓小白之前在 UPS 的领导和同事也有很多加盟蓝胖子进行商务合作，UPS 前高级副总裁、亚太地区航空和供应链管理负责人赵伯利（Perry Chao），也加入了香港蓝胖子团队，对接大中华区域及日本的关键客户。随 Perry Chao 一同加盟蓝胖子香港团队的，还有邓耀强（Raymond Tang）和李倩儿（Katrina P.Lee）。Raymond Tang 在快递物流领域有超过20年的财务及管理经验，他在 UPS 加拿大和亚太地区负责了多年的经济会计高级管理，还曾担任 UPS 亚太地区采购负责人。Katrina P.Lee 曾在胜富香港任职十余年，深谙航空货运体系、销售运营及货运代理，经验丰富。香港上市公司现代传播集团前 CEO 兼执行董事黄承发也加入蓝胖子香港团队，担任商业合伙人，负责商务管理及业务拓展。

蓝胖子位于深圳赤湾的总部，拥有近5000平方米的研发测试及办公区，在这里有数百名不同国籍的工程师正在进行各种测试与开发工作，国际化氛围十分浓郁。在邓小白看来，科学和技术无国界，一个世界级的公司从一开始就应当具备全球化基因。

他说："从创业初始，蓝胖子就立足于在深圳建立一支国际化技术团队，一直是面向全球招聘技术工程师。公司员工70%是技术人员，其中外籍员工来自美国、俄罗斯、澳大利亚、加拿大、以色列、西班牙、阿根廷、法国、印度等近20个国家。我们成功吸引到了OpenCV（一个开源的计算机视觉和机器学习软件库）创始人加里·布拉德斯基（Gary Bradski）作为我们的技术顾问，聘请了澳大利亚著名科学家、机器人视觉中心创始人皮特·科克（Peter Corke）担任蓝胖子首席科学家。科克是奠定澳大利亚在计算机视觉和机器人研究领域国际领先地位的关键人物，是全球机器人视觉领域的三大杰出科学家之一。他主要负责蓝胖子机器人澳大利亚布里斯班研发中心的研究工作，并与在深圳和美国亚特兰大的工程师们保持技术交流。"

邓小白分享道："在UPS工作期间，我发现美国人非常勤奋，早上5点起床，6点就到办公室了。现在我们公司加班到凌晨两点的，也有很多是外籍员工。一些国际同事很勤奋，一方面可能因为家不在这里，没那么多分心的事，但是最关键的是他们对机器人事业的热情，享受创造全新技术带来的乐趣。"

| 深圳是创业者的天堂

当初，蓝胖子为何选择在深圳创业呢？邓小白介绍，一方面是因为深圳的创业环境更好。这个创业环境不是指科研环境，而是指深圳对新应用的拥抱速度非常快，这种需求激励着创业团队砥砺精进。虽然国内科研实力与美国还有不小的差距，但大量的归国留学生对国内科创企业的很多技术短板起到补充与提升的作用。深圳也是很多归国留学生青睐的城市，而且香港也有优质的高校，很多香港高校的毕业生也会优先选择深圳就业。

蓝胖子位于澳大利亚的研发中心　　　　蓝胖子位于深圳的研发中心

"虚拟大学园的孵化基地给了我们十分重要的帮助,为我们提供了宝贵的南山区核心区域的办公空间,而且虚拟大学园有很多高校入驻,也为我们提供了非常多的产学研合作机会。虚拟大学园的领导非常支持我们,为我们提供了很多政策方面的培训和帮助,比如,南山区科技金融贴息的相关政策,都为我们前期的发展提供了很大帮助。"他举例说道,"我们一直坚持做原创性的研发,蓝胖子之前准备开发全世界首款模块化的多指灵巧手,用于智能制造和新零售等行业,也申请了深圳市科创委的技术攻关面上项目资助,一般来说作为初创公司,蓝胖子的规模也不大,很少有政府部门愿意支持这种中小科技企业的原创性科研项目。但是深圳市科创委最终支持了我们这个研发项目,提供了宝贵的研发资金,这让我们顺利研发出了多种类型的灵巧手,为后续相关机器人研发工作奠定了坚实的基础。"

另一方面,深圳的供应链非常强大,是一个"硬件的天堂",需要采购某个硬件,下单后第二天就可以到货。如果使用过程中发现货品与需求存在差异,打个车两小时就可以买回来。"我们的产品可以做到一个星期迭代一版,而国外公司大约一个季度才迭代一版。"

分拣机器人

复合型移动协作机器人

三指灵巧手

装载机器人

上件机器人

近年来，随着国内外物流交易不断从线下转至线上，仓储和物流的压力也急剧增大，这为蓝胖子的发展带来了巨大机遇。根据市场需求，蓝胖子自主研发了三大类物流领域相关的智能机器人——分拣机器人、码垛机器人和装载机器人，就是针对物流、快递电商行业不同场景提供解决方案，实现差异化商业应用。邓小白介绍，最早的分拣机器人花了三年多时间才做出来，可以说这个领域需要很长时间的技术沉淀。

| 融资成功倍感幸运

蓝胖子的投资人中有创新工场、云锋基金等著名投资机构。对邓小白来说，记忆最深刻的一次是天使轮融资。

2014年9月，在"大众创业、万众创新"的口号下，一时间资本也开始青睐创业项目，蓝胖子几乎是成立后不久就拿到了李开复先生160万美元的融资。

"至今想起来我仍觉得不可思议，因为当时我们看起来是那么不靠谱——10多平方米的办公室，3台电脑，也没有做PPT，与李开复先生交流时连物流机器人自动化是什么都没解释清楚，"邓小白说道，"但当时李开复先生说：'你们有技术也有商业思考，这就够了。'对我们而言，幸运的不仅仅是160万美元，还有李开复先生的国际化视野与战略给公司带来的帮助。"

这是蓝胖子最重要的起点，后续的融资就更多从市场的角度出发了，比如，马云和虞锋共同创立的云锋基金，因为创始人的背景就会更关注科技类和物流相关的企业。

邓小白介绍："云锋基金拥有很多物流行业的资源，除了给我们投资了 1000 多万美元，还让我们用机器视觉和机械臂解决物流场景中的痛点。2019 年，蓝胖子曾在阿里巴巴旗下的广州美妆仓库完成了技术试点。这个仓库有 5000 多个品类的货物，这个场景提供给我们打磨产品，对我们来说是非常重要的。后来，我们这项新技术打磨成熟了，又运用于 DHL、UPS、邮政等不同的场景里了。"

| 疫情为企业发展带来拐点

席卷全球的疫情不仅影响了普通人的日常生活，也为全球经济带来了一次影响深远的"洗牌"，对于蓝胖子来说，疫情给企业带来发展的拐点，业务迎来了一个爆发点。

"疫情对物流业的冲击非常大，一方面，全球都面临缺工的难题，另一方面，'宅经济'催生了电商等行业的兴盛。谁去完成货物运输、分拣、投递等苦活累活？科技赋能成为物流业的必需选择。"邓小白说，"由于前期技术积累成熟，疫情反而为蓝胖子带来了前所未有的发展良机。以前，我们的业务主要集中在海外，发达国家人口老龄化问题突出、劳动力成本高，对于用机器人弥补人工不足，有极大的动力和需求。蓝胖子从成立之初就着眼全球市场，较早地在美国及澳大利亚布局，服务当地客户。前几年，国内市场对于机器人的接受度还没有那么高。正因为有了在海外市场多年的积淀，我们对于行业痛点有了更精准的了解，此次疫情，我们得以迅速打开国内市场。2020 年至 2022 年这三年间，蓝胖子的营收经历了爆发性增长，从千万元的规模增长到一亿多元，2023 年还将有快速的成长。近两年，蓝胖子先后在新加坡、日本成立了公司，将进一步在亚太区发力，争取用前沿的技术和可靠的产品服务全球企业客户。"

经过多年的市场积累，蓝胖子已与多个国际行业巨头客户落地合作，包括全球知名快递物流承运商UPS、DHL、FedEx（联邦快递），以及知名跨国化工企业巴斯夫、中国上市制造企业长青集团、北欧知名家居品牌宜家、全球海运龙头马士基等，正持续助力各行业客户实现降本增效。

"现阶段智慧物流行业其实还处于初期阶段，有很多新的应用场景有待挖掘，未来每一个细分领域都有可能是机会。"邓小白冷静地分析，"对于蓝胖子来说，一方面需要深耕技术，另一方面要敏锐地捕捉用户的需求变化，跟进大行业的发展趋势。"

2023年春节后，邓小白的日程就安排得非常紧张，他正在积极推动蓝胖子跟日本、韩国、美国和欧洲多个国家的大型客户实现开端合作，继续在区域市场拓展更丰富的应用场景，目标是将蓝胖子打造成一个全球化的物流领域人工智能企业。

"矢志不移地研制国产高端医疗器械是我的梦想。"

曾乐朋,深圳市先健心康医疗电子有限公司总经理和创始人,深圳市海外高层次人才。

2022 年 7 月,深圳市先健心康医疗电子有限公司研制的 8301 临时起搏器获得第十四届健康中国论坛"十大医疗器械"称号。

曾乐朋：
矢志不移地研制国产高端医疗器械

2022年底，在深圳市商务局的组织下，20多家深圳医疗器械企业相关负责人从香港出发，前往欧洲参加国际医院及医疗设备用品展览会。在深圳这次组团参展活动中，深圳市先健心康医疗电子有限公司（简称"先健心康"）收获颇丰，来自20多个国家的80多家机构表达出强烈的合作意愿，希望成为其所在地区的总代理。

先健心康创始人、总经理曾乐朋介绍，这次参展带去了自主研发的8301型号临时起搏器，这款临时起搏器是目前上市的临时起搏器产品中唯一具有腔内心电图实时显示和起搏分析功能的产品，产品进入我国创新医疗器械特别审查绿色通道。该产品曾入选深圳市创新产品推广应用目录，获得第十四届健康中国论坛"十大医疗器械"称号，是得到权威认证的具有创新性、突破性的产品。

曾经在全球最大的医疗器械企业美敦力和香港上市公司先健科技担任研发高管的曾乐朋，多年前拥有一个创业的梦想，他由衷地说："矢志不移地研制国产高端医疗器械是我的梦想。感谢深圳市，特别是南山区给了我圆梦的机会。"

先健心康参加中国国际医疗器械展览会

从研发工程师变身"空中飞人"

2013年7月,美敦力公司根据全球发展战略决定在中国设立一个创新中心,当时正在美敦力心脏节律管理部门做首席科学家的曾乐朋,主动申请派往位于上海的美敦力中国创新中心工作。

"我宁愿降薪也要到上海美敦力来工作。"曾乐朋斩钉截铁地说,"我当时37岁,由于经历过全球金融危机,看到公司每年都会裁员,所以内心深处有很强的危机意识,当时就暗暗萌生了创业的想法。但由于我从清华大学硕士毕业后就到明尼苏达大学生物医学工程系攻读博士学位5年，加上在美敦力工作了7年，我离开祖国12年之久，对国内情况并不了解。因此，我申请到上海工作就可以了解国内的医疗市场，并且可以积累一些人脉。"

于是，曾乐朋一边在美敦力担任高管，一边开始了紧张有序的创业前期准备工作。

上海美敦力公司给曾乐朋印制的名片头衔是"中国区首席科学家兼研发总监"，他开始频繁地拜访客户，建立商务和科研关系。曾乐朋从过去的单纯研发人员，瞬间变身为从事商务洽谈和科研支持的"空中飞人"。他说："我记得最忙的一天，曾在24小时内飞到了4个城市，晚上10:00从上海飞到北京，次日一早6:30见北京客户，7:30赶去机场飞武汉，拜访完客户，又飞到温州，最后飞回上海，赶上飞往美国的国际航班。"

在担任美敦力公司中国区首席科学家期间，曾乐朋支持国内专家完成了中国首例无导线起搏器的临床植入。由于拥有先进的专业知识，又善于倾听临床医生的意见，曾乐朋在业内很受大家喜欢和信赖。他在心脏节律管理器械方向积累了多年的研发、市场和管理经验，成为国内在这一领域为数不多的高端复合人才之一。

通过走访国内许多医院的心血管专家，曾乐朋了解到美敦力心脏节律产品在国内临床的使用情况，也敏锐地看到了一些临床的新需求。他介绍："心脏节律管理器械是治疗心血管疾病的医疗器械的重要分支，它是一种依靠电池为能源的医疗器械。它通过微创的手术方法植入人体并长期留在人体内，依靠电刺激来恢复和调节病人的心脏节律、改善心脏的起搏功能。心脏节律管理器械包括用于治疗心动缓慢或停搏的单腔和双腔植入式心脏起搏器，在心脏骤停期间挽救生命的植入式心脏除颤器，用于治疗心力衰竭管理的心脏再同步治疗器，用于诊断不明原因的晕厥，控制中风和连续长期监测心律失常的可植入式心脏监测器。这一类产品对于治疗一些非常衰弱和危及生命的疾病至关重要,甚至成为临床上唯一有效的疗法。心脏节律管理器械以其技术含量高、技术壁垒高、研发周期长、技术资金投入巨大而被称为医疗器械领域的明珠,但我认为这些产品并不适合作为一家初创企业的研发方向。同时,我也观察到在临时起搏器产品这个相对技术低洼的方向上我国也还是空白,而且市场上也缺乏符合中国临床特别需求的临时起搏器产品,我暗暗期待在这个方向能有创业的机会。"

先健科技内部孵化出的创业团队

俗话说得好,机会总是留给有准备的人。2015 年,曾乐朋再次抓住了一个绝佳的成长机会。

为了尽快地改变我国在心脏节律管理医疗器械领域国产化基本为零、洋品牌在市场上处于绝对垄断地位的不利局面,2014 年 7 月,香港上市公司先健科技决定与美敦力合作,计划实现植入式心脏起搏器产品国产化。先健科技董事长谢粤辉相中了经验丰富的曾乐朋,希望他来做先健科技首席医学官和有源事业部负责人,主要负责这一项目的落地。

已到不惑之年的曾乐朋,对未来的人生道路思考得很清楚,他确定要走向创业道路,但当时还缺乏操盘大项目的经验,尤其是在团队管理、生产组织、资金运作等方面的经验需要积累。在他看来,在上市公司做高管能挣多少钱并不重要,而培养能力和拥有机会才是更重要的。

在朋友引荐下,他与谢粤辉董事长有过一次长谈:"我可以帮助您把有源事业部牵头做起来,负责先健科技的上市临床试验管理以及植入式心脏起搏器的战略布局和产业化举措。但我希望您支持我的创业梦想,我希望在先健平台上孵化出一支团队，未来可以从事我想做的高端医疗器械产业化。"

爱才如命的谢粤辉当时爽快地答应了曾乐朋的要求，并放手让曾乐朋带领有源事业部往前冲。

在他的领导下，先健科技16人的心脏节律管理医疗器械研发和生产团队在两年内完成了国产芯彤（HeartTone）系列植入式心脏起搏器5个型号及其配套的4个型号的起搏电极导线的研发工作，并从无到有建立起了代表国际一流水平的植入式心脏起搏器生产线。该系列产品于2016年经国家食品药品监督管理总局（CFDA）审查通过，进入创新医疗器械特别审批程序，成为国内唯一的植入式心脏起搏器的创新产品。2017年12月，芯彤植入式起搏器获得国家食品药品监督管理总局的批准上市。芯彤起搏器的成功上市为广大中国患者带来按照国际严苛质量标准生产的、功能齐全且与进口品牌相比价格更亲民的国产植入式心脏起搏器和电极导线全套产品，该系列产品仅2022年上半年就实现4370万元销售收入。

在先健科技工作的5年时间，曾乐朋的管理能力和业务能力得到大幅提升，在生产线建设、工艺转化、人员培训、临床注册、预算控制、市场销售等多个方面都积累了宝贵的经验。2017年，曾乐朋在南山区注册成立了先健心康公司，当时这是一家先健科技全资控股的子公司。从那时开始，曾乐朋就着手组织科研团队从事临时性起搏器产品的研发。

2019年5月，先健心康已经由团队成员出资数百万元，购买了49%的股份，先健科技占51%的股份。同年11月，先健科技董事会通过决议，允许曾乐朋以不低于一定的估值去为先健心康公司做天使轮融资。

优秀团队引来投资机构的垂青

曾乐朋在创业道路上，截至目前最大的一次考验就是要找到志同道合的天使轮投资者。他说："我从来没有融资过，对如何搭建公司的架构也不了解，这时很幸运地遇到了一位投资行业专家，给予了我宝贵的指导，告诉我应该如何搭建现代化的公司治理结构，以及如何用股份激励团队成员。"

2020年初，嘉远投资对先健心康给予数千万元天使轮投资，还约定了在3年内先健心康团队可以随时以一个低价回购嘉远投资手中的一半股权，这给予团队很大的动力。

2022年底，先健心康完成了A轮数千万元的融资，创东方领投，高新投和松禾资本跟投，为先健心康的快速发展注入了宝贵的资金血液，用于加强国内销售网络的建设和开拓国外销售渠道，建设一次性医用耗材生产基地以及扩大科研团队和加快新产品的研发。

两年多时间，先健心康的估值增长了近10倍。那么，这些著名投资机构究竟看好先健心康哪些方面呢？创东方的董事长肖水龙表示："先健心康团队善于发现未被满足的中国临床的需求，拥有一种综合性定义产品的能力，这种能力在中国医疗器械产业创业中至关重要，毫不夸张地说，这是一支非常有潜力的高端医疗器械专业团队。"

松禾资本的董事长罗飞曾到先健心康实地调研，他了解到曾乐朋在做心血管有源介入的创新产品，很快就决定参与A轮的投资。心血管有源介入产品的创新门槛高，又涉及多学科交叉，相关设计、研发和制造技术多集中于欧美企业，目前国内对这类产品的国产化还比较薄弱，国内相关市场长期为国外公司占据。

经过交流和现场考察，罗飞表示："先健心康团队有能力研制出临时心脏起搏器的创新产品，在公司初创的短短 3 年时间里，销售收入快速增长，这在初创型的医疗器械公司中是比较少见的。同时公司内部的在研项目布局合理，既看到了短期拓展市场和增加销售收入的需求，又可以以一系列新产品增加公司的想象空间。创业团队成员既彼此长期共事，又在研发、生产运营、注册、临床、销售等专业技能上搭配合理，相信企业在这样一支创业团队的领导下，未来发展的空间很大。"

资金只有具备看见企业"诗和远方"的能力和耐心，才能孵化培育出真正有价值的伟大企业。这些一流投资机构不约而同地相中了先健心康的创业团队，让这家初创企业有了宝贵的资本助力。

面市的首款产品大获成功

2021 年，先健心康首个自主研发的 8301 临时起搏器获得国家药品监督管理局三类医疗器械的注册批准，成为中国首例获批上市的临时起搏器。这一新产品是如何开拓市场的呢？曾乐朋介绍道："产品刚一面市，我们接到了上海市复旦大学附属中山医院打来的一个电话，说他们准备大批量采购临时起搏器，目前只有美敦力一家企业提供了样品，希望先健心康能提供样品参与竞争。"

曾乐朋判断这是一个绝佳的机会，赶紧安排了 3 台 8301 临时起搏器给上海市复旦大学附属中山医院临床试用 3 个月，而且对医院临床医生反馈的每一个问题都及时响应和解决。经过严格的测试和试用环节，先健心康的产品征服了客户，一举击败美敦力产品，直接把这批临时起搏器的订单收入囊中。

此后，先健心康的临时起搏器又顺利打入了广东省人民医院、内蒙古自治区人民医院、中山大学附属第一医院、遵义医学院附属医院等医院。2021年，四川省人民医院刘医生到东帝汶援外，做了当地第一台临时起搏器手术。手术结束后，刘医生希望捐赠一台国产的临时起搏器给东帝汶的地方医院，他通过网上查询，联系到先健心康。曾乐朋决定通过四川省卫生厅向东帝汶捐赠两台8301国产临时起搏器。鉴于先健心康产品优良独特的性能，四川省人民医院一次性意向采购了多台8301临时起搏器。曾乐朋满怀信心地说："第三世界国家医疗市场对临时起搏器有巨大的需求，洋品牌此前也涉足不深，这恰恰是先健心康的用武之地。因此通过赴海外参展、中国医疗队援外等渠道，先健心康一定会拓展出更大的海外市场机会。"

2022年7月，先健心康研制的8301临时起搏器脱颖而出，获得第十四届健康中国论坛"十大医疗器械"称号。在获奖评语中，这款临时起搏器8301被认定为实现了"从功能机带入智能机的重大变革"。尤为亮眼的是，8301不仅实现临时起搏与起搏分析功能二合一，还有其独创的腔内心电图、起搏占比等功能，方便医生观察损伤电流，为精准撤机提供准确数据支持，为医生与患者带来了非常多的便捷。在知识产权方面，先健心康已围绕临时起搏器申请了多项专利，涉及诸多核心技术。上市两年来，先健心康8301临时起搏器已应用于国内超过百家医院，获得了良好的临床反馈。

加快布局高端医疗器械产业

先健心康2022年入选由国家高性能医疗器械创新中心和动脉网联合评选的"中国高性能医疗器械企业新锐100强"，获得《人民日报》和央视

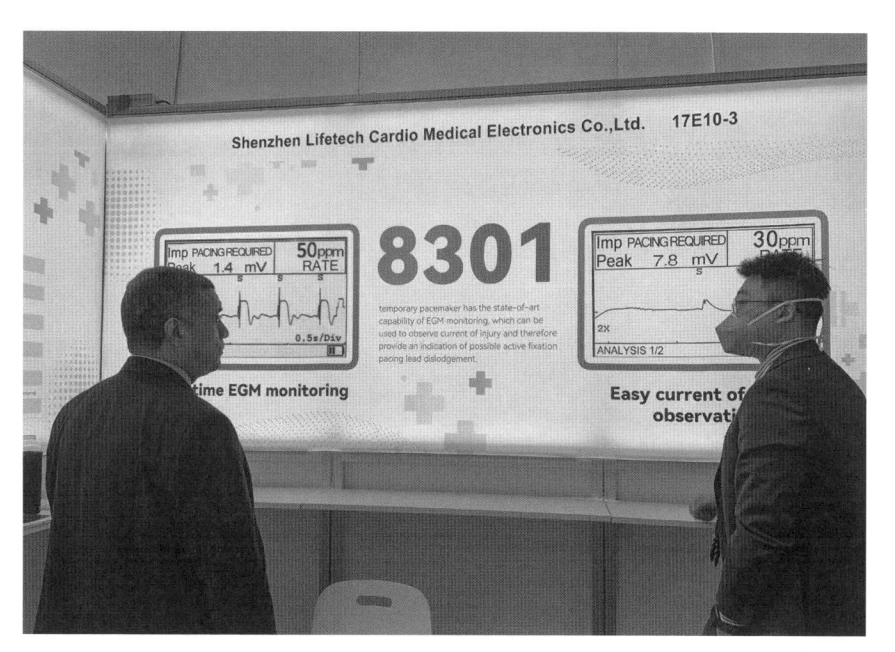

先健心康参加德国杜塞尔多夫国际医院及医疗设备用品展览会

财经频道的多次报道。

2022年秋天,南山区副区长夏雷在阅读到关于先健心康的报道后,立即联系先健心康实地调研,看能帮助企业解决发展中的哪些难题。曾乐朋感激地说:"我们在南山智园二期D1栋14层租用了1000多平方米,当时在深圳市南山区科技创新局的支持下,给予了企业50%的租金补贴,这对于初创企业无疑是雪中送炭。由于我们发展速度很快,需要增加租用场地来建实验室,但南山智园看到我们团队才十几个人,并没有同意。夏区长现场调研的时候我们反馈了场地不足的问题,夏区长说不要局限于看企业眼前营收,应该结合融资情况、企业估值、未来发展潜力,综合评估企业的实力,因此我们获得了深圳市南山区科技创新局的继续支持,将这栋楼的 14 层 2000 平方米都租给我们，如今团队正在快速扩大，30 多人团队中近四成是硕士以上学历。"

目前，先健心康在临时心脏起搏领域拥有两张三类医疗器械证，处在研发不同阶段的新产品达 10 余个，其中，一款经皮体外循环辅助装置已经研发出样机，准备进入动物实验阶段。

根据先健心康的产品研发计划和进度，企业预计每年上市一到两个三类医疗器械。先健心康 2021 年实现销售收入约 600 万元人民币，2022 年实现销售年增长一倍，2023 年销售额预计再翻番。曾乐朋透露："按照每年翻番的速度，预计 2025 年可以实现销售 1.5 亿元。去年公司被评为国家高新技术企业和创新型中小技术企业，建设了生产耗材的配套工厂，这为企业拓展海内外市场打好了基础。"

乔布斯曾有一句名言："人生所有的经历，就像一颗颗珍珠，当你在未来某一天找到了那根线，你就会把它们全部串联起来，变成美丽的项链。"对于曾乐朋来说，他从美敦力到先健科技，再到创办先健心康，以"研

先健心康团队 2022 年 7 月云南团建留影

制国产高端医疗器械"的梦想为红线，串联起了一串美丽的项链，在国产医疗器械行业里熠熠生辉，这足以让他和团队小伙伴们感到无比骄傲和自豪。

| 创 业 指 南 针 |

高管创业者制胜的三个"黄金法则"

稳定职业者走上创业之路，常常会产生走出"舒适区"后的不适应症。那么，高管创业有哪些"黄金法则"可以遵循，从而提高创业成功率呢？归纳起来有三点：

第一个"黄金法则"是要突破"面子问题"，要懂得迅速"清零"。作为企业单位的高管，曾经带领数十名甚至上百名员工打拼，已经在组织内建立了一定的权威和影响力，当走上自主创业道路之后，这些头衔、地位都将归零，从头再来。因此，对于高管创业者来说，第一个要突破的是"面子问题"。

鳍源科技创始人、CEO张翀对此深有感触："把自己的身段、自尊都要统统放下，全身心投入创业中去。过去，我通过了各种磨砺才走到了富士康网通产品事业群副理的位置上，对本职工作已经做到游刃有余，而投身鳍源科技的创业之后，过去所拥有的光环瞬间消失。比如，我每次见到的不再都是世界500强的客户和一流的供应商，我可能要面对很多中小供应商，还曾在拜访海外代理商或客户的时候遭受冷遇，这都是家常便饭了。经历了这些落差之后，我逐渐意识到所谓的'自尊'，其实是别人尊重你了，你才有'自尊'，如果只是一味强调自己的感受，那并不是真正意义上'自尊'，而只是'自负'。"

曾经站在大型国有企业的高管职位上,吴俊阳开展工作得心应手,一旦自己创业,都得事必躬亲,而且很多简单的事情也变得复杂了,"比如,在南方电网期间,我们需要一个产品样品的时候,打一个电话,供应商很快就送过来了。而创业后,我们再提出需要样品,供应商会嫌弃我们需求量太小而不搭理我们,光要个样品都得想尽办法。我创办库博能源,一开始就有'清零'的思想准备,比如,创业初期我每天都要拜访六七个企业客户,去兜售节电软件,显然这是一个苦活、累活"。先健心康的总经理曾乐朋说:"作为一家知名企业的高管,可以让更多的人认识自己,但千万不要认为自己就是大平台本身,而是要把这些资源内化为自己的资源,把自己在行业内的口碑建立起来。当自己创业的时候,要明白一切从零开始,有'空杯'心态。"

高管创业第二个"黄金法则"就是要保持创业的勇气和决心。张翀多次提到"创业的勇气"。早在 2017 年,刚踏上创业之路不久的她曾说:"创业其实是一条孤独的道路,在融资及参与国内外一些创新大赛、团队组建、市场拓展的时候,常常会面对很多的质疑,当最终获得认可时,我感觉除了是对创业团队技术和产品的认可,也是对我们创业初心和勇气的认可。"而在 2018 年面临资金链断裂的窘境时,她再次提及"勇气"二字:"我不能放弃,因为一旦放弃,我不知道还有没有再次创业的勇气。我想,自己放弃高管的身份,将创业作为新的事业开端,那是积累了多年的勇气,是在家人的大力支持下才迈出的一步。"由此可见,高管创业需要一股勇往直前的勇气,一旦在创业道路上遭遇各种艰难险阻已经没有任何退路,唯有向前,才能最终迈向成功。创业不是在等风平浪静,而是在不断的磨炼中蓄势待发,鼓足勇气准备迎接驾驭更大的风浪。

第三个"黄金法则"是充分发挥站位高、资源链接能力强的优势,迅速构建企业的竞争优势。近 30 年的锂电行业从业经历给了岳敏很多沉淀，从业中持续当高管 20 多年，岳敏练就了一双对行业发展敏锐洞察的眼睛。

"2005 年至 2007 年，我笃定了贝特瑞的研发方向，其中最有说服力的莫过于布局硅碳负极；2010 年我赌对了锂离子电池的技术路线，就连新能源汽车行业爆发期也与早期判断一致，尤其 2017 年我更加坚信未来推动全球经济发展的仍然是新能源。由于我在行业中属于另类，天马行空，特立独行，总会比行业其他人提前 3 至 5 年看清行业发展的方向和趋势，并快速行动，才有更多前瞻性的布局。"岳敏说，"我的做法是看 10 年、想 5 年、做 3 年。国家关于'碳达峰、碳中和'宏伟蓝图的提出，更加坚定了我的使命担当实现的可能性。研一新材现在所做的与党的二十大报告所指引的方向高度一致，让我心潮澎湃，我们又做对了。因为研一新材提前布局，已经干了 4 年，我始终坚信，新能源发展的历史大潮，应该由中国人、中国企业来掌舵和领航。我们坚持颠覆创新，做别人做不了的，做别人没做的，用别人不一样的方法去做。经过 4 年的努力，我们已经在多个细分领域有了突破，从解决了被海外巨头'卡脖子'的问题，到引领行业未来方向，正是'因为相信，所以看见'。"

吴俊阳说："在南方电网工作七八年，我曾参与了南方电网'十一五'智能电网的战略规划，也曾与国内电力专家及美国电力行业巨头交流学习，积累了电力行业的宝贵经验，对于国家实施'双碳'战略、拉大峰谷差价、节电辅助服务等，就会有确定性的认知，即使创业过程中遭遇到一些行业发展的低谷期，我们还是非常坚定，这就是当年做高管积累的经验和锻炼的眼界，具有不一般的胆识。由于认知比较超前，就有了更好的时间窗口，包括提前布局储能设备的研发，对产品质量和安全认证的苛求，都是源于我们具有较超前的认知。"

高管创业者可以借助大企业平台锻炼自身的综合能力，链接很多创新资源，这也是他们日后走向创业的一大优势。蓝胖子联合创始人兼 CEO 邓小白 26 岁就进入了全球著名的物流企业 UPS 区域总部的管理岗位，他说："高管职位确实让我有机会认识了行业内的很多人物，这些人脉也是我日后创业的重要资源。"先健心康创始人和总经理曾乐朋曾说："我早期在美敦力做首席科学家的时候是一个'光杆司令'，后来到国内来工作，担任了美敦力大中华区首席科学家兼研发总监，组建了一支 5 人精干团队，也结识了国内医疗器械行业里很多优秀同行，包括出色的销售经理和研发管理人才，到了先健科技我更是组建了一支 20 多人的团队，后来我自主创业的时候，大部分团队成员愿意跟着我出来创业，所以，我从'光杆司令'到团队领导的转变，都是在做高管期间完成的。我很感激先健科技董事长谢粤辉给予我成长的平台，也珍惜每一次获得锻炼的机会。"

由此可见，上述三个"黄金法则"可以帮助高管们在创业道路上走得更顺。虽然他们失去了过去拥有的大平台和稳定的工作环境，可他们为了追逐内心的梦想迅速"清零"，保持勇气和决心，善用资源，在创业过程中实现了更多的创新和超越，这本身就是一种最大限度扩展生命体验的生活方式。

第三章

勇立潮头唱大风

科学没有国界,科学家却有国界。

—— 巴甫洛夫

李轶江，德国汉诺威医科大学分子医学博士和临床医学博士毕业，创办深圳汉诺医疗科技有限公司，成功研制出首套国产 ECMO 系统。

叶伟平，新加坡国立大学化学博士毕业，创办深圳市华先医药科技有限公司，致力于建设粤港澳大湾区生物医药 CDMO 平台标杆，荣获广东省"双创之星"荣誉称号。

杨恒，英国剑桥大学博士后，创办的深圳爱莫科技有限公司以人工智能助力企业数字化转型，入选"2022 年中国零售科技新锐企业"TOP 30 榜单。

郭滨刚，曾在日本东京大学做博士研究员工作，回国创办的深圳市光科全息技术有限公司从事光子超材料薄膜的产业化，入选中国科协举办的"科创中国"新锐企业榜。

黄君彬，美国宾夕法尼亚州立大学电子工程专业博士毕业，回国创办的深圳市埃尔法光电科技有限公司获得第十四届深创赛电子信息行业企业组第一名。

这些创业者都有海外留学背景，而且毅然决然地走上相同的人生道路——回国创业，实业报国。

勇立潮头唱大风，学成归来长报国。

"实践反复告诉我们，关键核心技术是要不来、买不来、讨不来的。只有把关键核心技术掌握在自己手中，才能从根本上保障人民的生命和财产安全。"

李轶江，2018年牵头创办深圳汉诺医疗科技有限公司，担任首席科学家，成功研制出首套国产ECMO系统，并进行ECMO技术推广应用。

2019年，深圳汉诺医疗科技有限公司荣获第十一届中国深圳创新创业大赛生物医药行业决赛二等奖。

李轶江：
带领汉诺医疗成功研制"人工心肺"

2023年2月26日，深圳汉诺医疗科技有限公司（简称"汉诺医疗"）迎来了一个里程碑式的时刻，其研制的国产ECMO（体外膜肺氧合，俗称"人工心肺"）系统获批上市后首例临床应用在广州医科大学附属第一医院完成，标志着我国国产首个ECMO设备和耗材套包正式应用于临床。

患者是一位77岁高龄的呼吸衰竭病人，同时患有冠心病、重度肥胖。肺移植手术是该患者唯一的生存希望，但手术风险高。在移植专家精湛的医术和国产ECMO的保驾护航下，从ECMO置管开始，病人仅用4个小时就接受了单肺移植，整个手术过程顺利，病人已经安返监护病房。

令人惊叹的是，汉诺医疗创始人、首席科学家李轶江其实是一名临床医生，曾经在欧洲行医10多年，获得德国重症医学医师执照、德国心胸外科医师执照。作为一名外科医生，他是如何走上医疗器械领域的创业道路，又是如何突破技术壁垒，研制出国产ECMO系统的呢？

｜留德学医，立志报国，为祖国的转化医学做贡献

2005年，李轶江获得德国汉诺威医科大学分子医学博士学位及临床医学博士学位，开始从事临床医学工作。

2012年，李轶江获得德国心胸外科专科医师执照。在德国从事心胸外科工作的10多年中，他长期在移植组工作，在成人与小儿肺移植、心脏移植与辅助循环领域积累了丰富的临床经验，主刀心胸及血管外科手术共计3000余台。他参与主持多项国际领先大型外科临床前瞻科研项目，完成最新一代人工心脏（Thoratec Heart Mate III）在欧洲应用于临床前的CE Mark多中心临床试验。

2022年10月，李轶江与欧洲最大体外循环中心——雷根斯堡大学医院ECMO中心主任阿洛伊斯·菲利普（Alois Philipp）研讨新产品技术方向

医疗产业包括医疗服务、医药工业、医疗器械、健康保险等多个方面，而德国的医疗产业已经形成了产学研医一体化发展的优良传统。德国的医生群体，除了会治病之外，还会参与发明创新药物和医疗器械的研究工作，可以说，德国医学博士培养体系实际上是培养医学科学家，他们既有治病的能力，还能解决临床中的很多科学问题。

从2001年至2014年，李轶江在德国汉诺威医科大学心胸血管和移植外科工作，他经常参与其导师——国际著名心血管外科专家、德国国家科学院院士、德国心胸外科协会主席、德国外科学会主席Dr.Haverich（哈弗里希教授），以及Andre Simon（安德烈·西蒙）教授的一些课题，从事转化医学的研究工作。在德国求学和工作的经历，让李轶江懂得了自己不仅要掌握治病救人的临床医生本领，还要通过改良医疗器械造福更多病人。

10年前，李轶江在做临床医生的时候发现，ECMO虽然诞生了二三十年，但并不是很好用，不仅体积庞大笨重，而且使用起来非常复杂。从那时起他就希望能把ECMO系统进行改良升级，并在海外做好了相关知识储备，2015年开始从临床研究向转化医学工程问题聚焦。李轶江认为转化医学实际应用是医生的责任之一，作为医生应该去尝试改良和迭代医疗器械，做出更好用的设备。设计出更好的ECMO系统，成为李轶江在转化医学道路上的一个理想追求。

| 作为卫生健康人才受邀回国

李轶江是为数不多在德国取得心胸外科行医执照的华人，致力于心血管重症、呼吸循环辅助支持（ECMO）、循环呼吸急危重症的诊断和处理、ICU超早期整体康复、移植重症医学领域的研究与突破。

作为深圳市医疗卫生"三名工程"团队负责人，李轶江于2016年受深圳市邀请，回国建设南方医科大学深圳医院心血管外科及中德心脏中心，在该院率先开展ECMO治疗，协助数家医院开展ECMO项目。

"ECMO由于可以辅助呼吸与血液循环，因此也被称为'生命支持技术'。长期以来，ECMO多项核心部件的关键技术及工艺均被欧美国家掌握，全球市场也被迈柯唯、美敦力、理诺珐三大品牌垄断。回国之后，我看到国内的ECMO治疗技术很落后，全国从国外购买的ECMO系统不到500台。在推广ECMO治疗方法的过程中，我发现从国外采购回来的ECMO系统不仅价格昂贵，而且不好用，尤其是耗材的价格贵得惊人，严重影响了ECMO系统在国内的推广应用，也让很多危重病人没有机会使用上ECMO系统就失去了宝贵的生命。这时，我开始萌生出在国内进行ECMO系统国产化的想法，想研制出更好用、更便宜的ECMO系统，这样就能救治更多的危重病人，因为成为急危重症患者生命的'守门人'是我的人生追求。"李轶江抱着一种要研制一台具有自主知识产权的创新型国产ECMO系统的朴素想法一头扎进创业的大潮，当时他并不知道产业化道路上会充满千难万险。

2018年5月，一家只有3个人的小公司在深圳注册，这就是深圳汉诺医疗科技有限公司，39岁的李轶江出任首席科学家，刘洋和李鸣涛是另外两位创始人。

| 创业初期遭遇诸多"拦路虎"

"创业初期，您遇到最难的事情是什么？"面对这个提问，李轶江坦率地回答："最难的并不是具体的某项技术，而是在ECMO系统转化医学

2021年1月汉诺医疗创始团队部分成员合影

的整个链条上，每个环节都会遇到阻塞点。比如，制造工艺上的阻塞点就很多，如何帮助上游供应商突破制造精度的瓶颈。又如，样机做出来了，如何进行检测呢？我们需要购买设备，自己开发检测方法，与专业检测机构一起研究，因为我们的专业精神，汉诺医疗团队被推荐加入全国医用体外循环设备标准化技术委员会，作为企业方代表共同参与推进相关标准制定工作。再如，在融资过程中，很多投资商对汉诺医疗的技术并不理解，认为研发的风险很大，商业机会相对比较少，并不是一个理想的投资标的，早期我们的融资也是处处碰壁。可以说，创业起步的时候，我是未曾想到会遭遇如此多的'拦路虎',也许是初生牛犊不怕虎,我们反而越挫越勇,一路走了下来。"

处处都有"绊脚石",李轶江又是如何扫清的呢?他的做法是首先从思想上就要战胜它,跨越它,坚信最终一定能找到解决的办法。而找到合适的人才,组成能力互补的优秀创业团队,更是李轶江带领汉诺医疗一路通关、走向成功的关键因素。

人才是企业长期发展的核心要素,汉诺医疗一直十分注重人才的自主培养与外部引进。他介绍,汉诺医疗目前的科研核心团队包括拥有多年医疗器械研制经验的技术专家、工程专家和临床应用专家,实现了"仪器研发工程师+体外循环师+心脏医师"的人才闭环。企业核心成员是由在体外循环、生物医学工程、电子机械工程、医用高分子材料、精密机械制造、质量管控、法规注册、知识产权管理等领域具有丰富经验的复合型人才组成。

贵人相助,信仰加持,克服险阻

最让李轶江感到欣慰的是,虽然汉诺医疗遭遇到一些艰难险阻,但是他们在创业路上遇见了很多贵人。2018年5月,汉诺医疗成立后,李轶江组织团队围绕人工心肺开展研究工作。2019年初,李轶江到宝安区投资推广署做了一次项目推介,引起了宝安区委区政府领导的高度重视,汉诺医疗被推荐到宝星智荟城落地。深圳市宝星依力创投合伙企业还给予了天使轮投资,这笔上千万元的投资款给不到10人的初创团队巨大信心。

李轶江说:"宝安区政府和宝星依力公司给予我们的帮助确实是雪中送炭,天使轮投资解燃眉之急,我们用这笔钱投入到ECMO系统研发中。

2020年初新冠疫情暴发的时候，我们的ECMO系统已经有了雏形。在全球疫情肆虐之时，ECMO一次次将新冠患者从机体循环衰竭濒死的状态拯救过来，这让ECMO不仅进入国人视野，更引起了产业投资机构和政府的高度关注。这场新冠疫情暴露了我国在高端医疗器械领域中自主创新性的不足，尤其是能发挥'救命稻草'般作用的ECMO系统，由于专业人才短缺、技术难度大、市场关注度低而长期依赖进口。"

此后不久，工信部在全国采用"赛马"的方式征集抗疫的创新项目，迈瑞医疗获此消息，再次将汉诺医疗推荐给深圳市工信局参与"赛马"攻关，并且邀请汉诺医疗参与工信部的项目答辩。

2020年5月，国家高性能医疗器械创新中心（简称"国创中心"）正式成立，依托深圳高性能医疗器械国家研究院有限公司组建，是目前深圳市第一个国家制造业创新中心，也是医疗器械领域唯一的国家级创新中心。李轶江说："作为首批入驻国创中心的企业，汉诺医疗与国创中心互为股东。借助国创中心的资源优势，汉诺医疗充分发挥自主创新能力，以实现ECMO国产化为目标，全力以赴解决国家'卡脖子'关键技术。那时我们团队才几十人，处于初创阶段，能牵手国创中心一起合作，实际上是国创中心对我们信任的背书，让国家部委相信我们团队的技术实力。我非常感激国家部委、国创中心领导对我们的信任和支持，让我们在ECMO国产化道路上越走越从容。"

让李轶江难以忘怀的是，2019年汉诺医疗荣获第十一届中国深圳创新创业大赛生物医药行业决赛二等奖，获奖后汉诺医疗受到更多政府领导、投资机构以及行业人士的关注，给汉诺医疗走向大众视野提供了助力。在产品研发过程中，汉诺医疗获得了深圳市科创委技术攻关揭榜项目、人才团队项目的支持，其中，承担了深圳市科技计划"体外膜肺氧合（ECMO）

关键技术的研发"专项,获得财政资金支持,用于研制体外膜肺氧合(ECMO)系统国产样机。

"如果问我是什么让我能坚持跨越了无数个难关,我想说是我们每个人心中的信仰。我们团队成员个个都是愿意为患者、为社会做贡献的人,我们彼此之间靠信仰相互支持,大家可以共同解决技术难题;在各个转化环节中,也是基于坚定的信仰,实现各种高难度的技术攻关和工艺突破。每一次跨越难关,对我本人来说都是一次宝贵的成长。当时,如果没有顺利打通投资、研发、生产等各个环节,就不可能实现 ECMO 国产化的整体目标。之所以能跨越过去,就是因为人与人之间通过信仰建立起深厚的信任与牵绊。"李轶江真诚地说。

汉诺医疗自 2018 年成立以来,深耕急危重症体外生命支持赛道,持续完成不同阶段的研发成果和临床试验的突破,获得了众多市场投资者的认可。在近几年完成了 5 轮融资,投资机构包括道彤投资、深创投、投控东海、倚锋资本、烟台国丰集团、国泰君安等知名投资机构及迈瑞医疗等行业领军者,融资规模超 4 亿元。

| "皇冠上的明珠"由此诞生

2023 年 1 月 4 日,国家药监局应急批准汉诺医疗首个国产 ECMO 设备和耗材套包,用于急性呼吸衰竭或急性心肺功能衰竭、其他治疗方法难以控制并有可预见的病情持续恶化或死亡风险的成人患者。素有高端医疗装备领域"皇冠上的明珠"之称的 ECMO,从此有了中国人自己的品牌。这标志着长期被"洋品牌"所垄断的 ECMO 设备及耗材市场格局被打破,国产企业获得宝贵的"入场券"。

这款国产整机系统拥有完全自主知识产权，由智能便携式系统控制主机与耗材套包组成。汉诺 Lifemotion® ECMO 系统的核心功能单元包括离心泵泵头、膜式氧合器与抗凝血涂层等，均对标进口产品的功能与性能，打破了欧美产品在体外膜肺氧合领域的垄断局面。更为重要的是，传统 ECMO 设备体积庞大且沉重，转运风险高，限制了 ECMO 技术的使用场景。针对国外传统 ECMO 设备转运难的特点，汉诺医疗团队设计了便携式可拆解 ECMO 系统主机，汉诺 Lifemotion® ECMO 系统可组合为功能单元齐全的手提式 ECMO 系统，小巧实用，大大降低了转运过程中的风险。

2022年1月汉诺医疗团队海边团建

国家药监局方面表示，国产 ECMO 设备的获批上市，提升了我国先进生命支持设备的可及性，保障了新冠疫情重症治疗设备有效供应，进一步满足救治需求的同时，也降低了医疗费用支出。

"我认为汉诺医疗的价值在于，对生命的一种守护，对那些身处绝境，正在经历生命浩劫的个人与家庭，承担一份重要的社会责任，为国家、为社会、为人民健康创造价值。对此，我们感到非常光荣，非常荣幸。"李轶江发自肺腑地说。

创新成果迎来了"高光时刻"

在 2022 年党的二十大即将召开之际，习近平总书记参观了"奋进新时代"主题成就展。成就展中展出多项体现我国科技水平和制造能力跃升的自主研发关键产品实物，汉诺 Lifemotion® ECMO 系统陈列于"医疗抗疫科技创新"展台的醒目位置，这是汉诺医疗默默研发多年后第一次迎来的"高光时刻"。

为了持续实现科技自立自强，汉诺医疗重视对企业科技成果的保护。在知识产权方面，截至 2023 年 3 月，汉诺医疗已经申请专利 117 项，其中发明专利 45 项，实用新型专利和发明专利占比 80%，全面覆盖设备与耗材，把关键技术牢牢掌握在自己手中。这对于加速国家高端医疗器械国产化进程具有重大的里程碑意义。

自 2023 年获批上市以来，汉诺医疗国产 ECMO 成套系统已经在北京、四川、广东和江苏等地的多家医院开展了数十例临床应用。

"实践反复告诉我们，关键核心技术是要不来、买不来、讨不来的，只有把关键核心技术掌握在自己手中，才能从根本上保障人民的生命和财产安全。"李轶江说道,"汉诺医疗将会在国家战略方针的指导下,沿着自主创新方向,在高端医疗设备国产化的路上,建设成为国内最大的生命支持设备企业,促进我国体外循环医疗器械产业赶超世界先进水平。"

"打铁还需自身硬，生物医药行业几乎不存在
'速成理念'，需要稳扎稳打。"

叶伟平，深圳市华先医药科技有限公司创始人、董事长，政协深圳市第七届委员会委员。

深圳市华先医药科技有限公司2021年被评为"深圳市专精特新企业"，2023年初获批深圳市博士后创新实践基地。

叶伟平：

建设大湾区生物医药 CDMO 平台标杆

2023 年 2 月 6 日，深圳市坪山区举办的"凝心聚力、共创未来"企业家春茗座谈会上，深圳市华先医药科技有限公司（简称"华先医药"）获评"2022 年度坪山区十大创新平台"。

华先医药创始人、董事长叶伟平是一名从新加坡国立大学博士毕业的海归创业者，而他曾在"世界 500 强"企业工作了 5 年，2011 年他带着国际化的视野、跨国公司的管理经验，回到国内创业，从创业初期为了摸索商业模式曾走了一段弯路，到如今华先医药已成为一家国际领先、客户优选的生物医药 CDMO（医药合同定制研发生产企业）平台，是深圳给予他实现梦想和抱负的平台。

华先医药工厂全貌

北大高才生心底种下"创业梦"

1999年9月1日,深圳中学毕业生叶伟平喜气洋洋到北京大学化学系报到。北京大学气氛活跃,一些创业导师时常会到学校里来做讲座。大一第一学期,叶伟平被林毅夫主持的"新经济论坛"吸引了,他赶去论坛现场聆听了厉以宁、林毅夫等经济学家所做的精彩报告,以及雅虎创始人杨致远和阿里巴巴创始人马云等企业家的演讲。

"深圳的商业氛围比较浓厚,我从小就对创业很感兴趣,觉得当'企业家'是一件非常光荣的事情。我在北大聆听了一些创业前辈的经验分享,感觉热血沸腾,不想毕业后待在象牙塔做学术研究,而是想投身产业化的工作,学以致用,实业报国,实现我的梦想。"叶伟平说道。

既然有了创业的梦想,他的学习方法跟其他同学就不一样了,他把每周的学习时间安排得很紧凑,大一就申请进入实验室跟着导师做实验,本科期间发表了两篇学术论文,平时喜欢看一些管理类、商业类方面的课外书,并在北京大学中国经济研究中心辅修了经济学学位。

2003年7月,叶伟平来到新加坡国立大学攻读化学专业研究生,由于学习勤奋、成绩优异,仅三年半就拿到博士学位。

入职海外跨国公司练内功

2006年秋天完成博士论文后,叶伟平加入葛兰素史克制药,先后担任化学师、高级化学师和项目首席化学师,极大地锻炼了自身能力。

"2008年,我担任首席化学师,主要任务是对一种抗癫痫新药进行项目管理,需要将化学和工艺部门进行跨部门的统筹管理,这让我有更多的机会从事科研项目的管理工作,眼界一下子打开了。因此在 2009 年葛兰素史克与新加坡政府合作建立的'绿色与可持续发展生产'基金项目,我很荣幸被任命为首任项目经理。"叶伟平对承担更重的任务感到欢欣鼓舞,因为作为葛兰素史克-新加坡"绿色与可持续发展生产"基金的首任项目经理,他有机会跟新加坡政府、葛兰素史克高层领导进行直接沟通,还能与新加坡本地的研究机构和创业公司合作交流,拥有更广阔的视野。

叶伟平超强的沟通和协调能力,吸引了国际猎头的眼光。2010 年,一家猎头公司给叶伟平提供了一个极富有吸引力的工作机会,那就是担任制药公司辉瑞(Pfizer)全球外购供应部亚洲区经理,负责在亚洲区选择和管理外包业务供应商。在辉瑞工作期间,叶伟平有机会接触到很多亚洲国家的供应商,从安全、环保、质量等各方面对供应商进行审核和管理。有时为了给辉瑞引入一家新的供应商,需要根据全球各地不同药政法规、技术标准去协调药物的注册工作。这是一项非常具有挑战性的工作,叶伟平在这个岗位上迅速积累经验,同时为自己回国创业做了前期的思考和准备。

| 回国创业第一站遭遇挫折

"我给新加坡国立大学博士生导师陈俊丰(Tan Choon-Hong)教授汇报,说自己想回国创业,他对此表示支持。我的想法是从事专业催化剂的研发,帮助医药产业界客户加快研发速度,而且要选择医药专业园区注册公司。"叶伟平是一个当机立断的人,2011 年 8 月,他和太太一起从新加坡回到国内,在惠州大亚湾经济技术开发区科创园孵化器注册成立了广东莱佛士制药技术有限公司,自己担任董事长兼首席执行官。

这是一个刚启用不久的孵化器,叶伟平就在仅有的 200 平方米的场地开始了办公。当时园区远没有现在繁华，基础设施还在建设中，道路不通畅，连快递都无法正常派送。可以想象，他如果没有初生牛犊不怕虎的勇气，在这里无论如何是坚持不下去的。就是凭着对创业的饱满激情，叶伟平一头扎了进去，逐渐完成了创业团队的组建和新产品的开发工作。

初期，广东莱佛士制药技术有限公司做催化剂的业务，虽然也开发了一些有竞争力的产品，但是受制于催化剂的特性，比较难形成规模化效应，企业发展一直处于低谷期。"好比我拥有一把利器，虽然很好用，但客户怎么能精准找到我们呢？客户也对使用我们的催化剂能否节约成本存有疑惑，客户的产品最终能否成功上市从而采购我们更多的催化剂也很不确定，在多重不确定性情况下，我觉得有必要调整商业模式。"处于困惑关头的叶伟平，遇到了一位指点迷津的贵人，他就是物明投资管理有限公司创始人张英杰，也是华先医药的天使轮投资人，他很看好叶伟平这支海归创业团队，同时建议企业搬迁到深圳发展。

2015年12月，叶伟平在深圳坪山区生物医药创新产业园创立华先医药作为总公司，广东莱佛士制药技术有限公司作为子公司，对公司的发展方向重新进行了调整：聚焦小分子新药，致力于打造国际领先的一站式CDMO服务平台，同时促进粤港澳大湾区医药产业集聚，创建华南地区生物医药CDMO服务平台，提升湾区生物医药产业竞争力。

他分析道：当时国内CDMO市场正不断扩大，首先由于国家药品审批制度改革以后，国内的创新药研发大环境改善了很多，同时也出现了很多的生物医药类型的创新药公司，这将带来大量的国内CDMO增量市场；其次受惠于我国的工程师红利，国际CDMO业务向国内转移也是一个大趋势，也给国内的CDMO行业发展提供了很大的市场基础。根据Frost&Sullivan（弗若斯特沙利文，简称"沙利文"，是全球最大的企业增长咨询公司）的统计数据，2016年至2020年，中国医药CDMO市场规模从105亿元增加至317亿元，年均复合增长率为31.82%；据Frost&Sullivan的预测，未来5年中国医药CDMO市场将保持年均31.26%的增长率，市场规模将于2025年达到1235亿元，这给华先医药带来巨大的发展机会。

找准赛道再出发屡创佳绩

"打铁还需自身硬，生物医药行业几乎不存在'速成理念'，需要稳扎稳打。华先医药具有发展CDMO的技术和产业基础，工艺研发也是团队擅长的工作，再加上公司原有的催化技术基础，团队能够充分发挥化学合成优势，为创新药客户带来更多的价值。"瞄准CDMO这一新赛道，叶伟平显得自信而有底气。

北京先通国际医药科技股份有限公司是国内做放射性药物的领先企业，一款放射性新药原来有20步合成工艺，经过华先医药的研究团队改进后，合成工艺简化为11步，药学研究周期从过去的耗时一年半，缩减到9个月，2020年顺利报了临床批件，2022年底在华先医药的GMP（药品生产质量管理规范）工厂完成了验证性生产。这就是华先医药用专业技术为客户提高研发效率、降低研发成本的典型案例。

深圳康溯医药科技有限公司在研制一款新药的时候，采用了叠氮试剂工艺，生产过程中会有爆炸的风险，经过华先医药团队设计的全新工艺路线，不需要采用叠氮试剂也能合成出此款新药，这一全新的工艺路线令康溯医药的首席科学官感到非常惊喜，很快就给华先医药下了一个千万级的长期合作订单。像这样的案例举不胜举，华先医药的研发团队经常能给客户带来成本更低、效率更高、产业化更顺畅的服务体验。

"经过几年的发展，我们的专业化服务得到了广大专业客户的认可，平台上已经有200多个在研项目，华先医药的队伍近500人，公司坚持技术创新，已申请发明专利62项，PCT（专利合作协定）专利14项，其中授权专利24项。即使在疫情的影响下，2022年营收近1亿元，其中30%业务来自海外知名药企。"叶伟平介绍，他特别重视建设体系、流程和标准化，尽量让系统减少对个人的依赖，从而让自己可以抽身做更重要和开拓性的事情。

加快融资步伐并建设GMP工厂

在加大研发能力建设的同时，拥有自主产权的合规GMP工厂也是在CDMO行业中必不可少的核心竞争力，然而，建设一个符合国家标准的GMP工厂需要不少资金，这促使叶伟平开始加快了融资步伐。

2018年，华先医药完成Pre-A轮融资，并启动大亚湾GMP工厂土地申请程序；2019年4月1日，拍得大亚湾石化区2.8万平方米工业用地，启动GMP工厂设计报建，同年底完成了A轮融资共计9300万元。

"华先医药最新一轮融资是在2022年12月完成了B+轮1亿元的融资，是由粤科基金领投的。"叶伟平介绍道，"在此之前的B轮融资是由国新科创领投，我们和他们的结缘也有些戏剧性。当时是国新的团队成员通过搜索CDMO方向的项目，看到我们过去的一些报道，发现华先医药是在华南地区的一家比较成熟的CDMO企业。而在融资过程中，我们跟国新接触的时间比较晚，但是国新是推进速度最快的，每天晚上11点以后国新的项目负责人还在跟我们同事沟通一些项目细节，所以项目推进非常快，从接触到最终完成投资大概只用了4个月。为了庆祝华先医药成立十周年，在签订完投资协议后，国新特意加急办理付款手续，只用了两个工作日就完成了支付，在 2021 年 8 月 17 日公司注册成立十周年的那一天中午到账，所以也是非常有缘分。由国新科创领投的 B 轮，华先医药共募集资金 1.5 亿元，全部投入大亚湾 GMP 工厂的建设。"

2021 年 9 月 30 日，大亚湾 GMP 工厂一期投产，同年底，在国新科创的大力支持下，华先医药在苏州相城区落地华东研发中心，打造一站式 CRO/CDMO 平台的服务体系。

位于惠州大亚湾石化区内的 GMP 级生产基地于 2022 年 11 月获得广东省药品监督管理局颁发的 Dh 类"药品生产许可证"，与位于深圳市生物医药创新产业园的总部研发中心，以及华东研发中心相结合，华先医药形成了集研发、生产、运营多位一体的，从临床前直至商业化阶段的符合 GMP 标准的成熟产业链，同时拥有多个自主搭建的高端化学技术平台，以及完善的质量管理、项目管理体系。

创始人团队在研发实验室合影

喜获政府支持，企业发展如虎添翼

在发展过程中，华先医药得到了市、区两级政府的高度认可，2020年入选深圳市人才团队，2021年承接了国家重大专项项目——"基于多孔框架结构的不对称催化和手性分离研究"的产业化应用研究，同年，被评为"深圳市专精特新企业"，2023年初，获批深圳市博士后创新实践基地。

"得益于深圳市科技主管部门和坪山区科技部门的大力扶持和帮助，我们才能更好地去布局建设我们的研发平台，以及吸引优秀人才加入我们团队，提高我们的研发实力。"叶伟平介绍，获得资助后，华先医药重点建设了深圳总部的研发平台，着力打造创新技术平台，包括人工智能在药物研发平台中的实际应用。

他对坪山的创业环境称赞有加："之所以把总部设在坪山，是因为坪山拥有国家级的生物医药创新产业园区，作为致力于打造国际领先的客户优选的一站式CDMO服务企业，创新及产业聚集也是我们重点考虑的方向。从2015年生物医药创新产业园里空空荡荡的，到如今一片生机勃勃的景象，通过园区的发展变化可以清楚地看到坪山生物医药产业的迅速发展，产业结构和从业人员人才结构的快速优化，深圳速度也在坪山得到了很好的体现。"

人才是企业之本，也是企业发展的核心竞争力。求贤若渴的叶伟平对人才的重视和引入贯穿他整个创业过程。2013年底，他去新加坡出差，专程面见葛兰素史克的前同事、新西兰籍研发大咖安德鲁·菲利普斯（Andrew Phillis）博士，向他发出到中国参与创业的邀请。Andrew Phillis 的太太是中国人，在华先医药优越的股权激励制度下，他加入华先医药成为联合创始人，并负责开拓国际业务。2021年，华先医药在美国注册了商务子公司，

Andrew Phillis 带领欧美的同事把华先医药国际业务做得风生水起，相信未来华先医药的国际营收占比将逐步提升。

又如，周章涛博士曾在全球最大的 CDMO 公司工作多年，他于 2016 年加入了华先医药，担任 CTO（首席技术官）。李兆飞曾是优秀的北大毕业生，拥有多年政府部门工作经验，做事沉稳有智慧，2018 年加入华先医药负责人力资源和融资工作。刘慧勤曾在华北制药工作 20 多年，拥有丰富的生产运营经验，2019 年加入华先医药负责生产运营业务。

"未来，我们也考虑收购欧美公司，扩大研发和生产能力，形成全球化布局的研发生产服务体系。"叶伟平胸中有一盘棋，随着人才队伍的扩充和 GMP 级生产基地准备就绪，他希望把业务往前端延伸。2022 年 4 月，华先医药与深圳清华大学研究院合资成立子公司——深圳华先清研医药研发有限公司，组建 DMPK（药物代谢动力学）研发服务团队，不断拓宽公司的研发服务能力范围。

谈及未来发展，叶伟平表示，目前华先医药仍专注于小分子药物 CRO/CDMO 业务，2023 年在苏州研发中心增设了寡核苷酸服务体系，未来还将在华先医药平台下增设其他业务板块，包括制剂、大分子、核酸等业务。

近年来，人工智能技术突飞猛进，已经到了一个可以应用到各个行业的成熟阶段。目前，大部分人工智能药物开发公司重点关注将 AI 应用在加速靶点识别、分子生成、药物重定向等领域。叶伟平对产业发展趋势看得更远："华先医药未来也希望 AI 能应用到具体业务场景中，加速赋能研发与生产业务，具体包括利用 AI 进行逆合成设计、工艺优化、催化剂筛选，以及与自动化的结合。我们希望 AI 能帮助我们更好地服务于全球创新药的客户，将华先医药建设成为粤港澳大湾区生物医药 CDMO 平台标杆。"

"创业者踩'坑'要趁早,代价才最小。"

杨恒,深圳爱莫科技有限公司创始人,深圳市海外高层次人才,曾获首届"钱塘之星"创新创业大赛领军人才组冠军。

深圳爱莫科技有限公司入选"2022 年中国零售科技新锐企业"TOP 30。

杨恒：
以 AI 助力企业数字化转型

2022 年 8 月，由中国连锁经营协会（CCFA）主办的 2022 年中国国际零售创新大会在深圳举办，协会对外发布"2022 年中国零售科技新锐企业"榜单，深圳爱莫科技有限公司（简称"爱莫科技"）一鸣惊人，成功入选 TOP 30 阵列。

外界以为，爱莫科技只是一家名不见经传的小企业，可实际上与它合作的全都是招商局集团、华润、中粮、中国烟草、中国电信、中国移动、联合利华、LG 等世界 500 强或行业龙头企业。正所谓"没有金刚钻，不揽瓷器活"，爱莫科技创始人杨恒，在人工智能计算机视觉领域有超过 15 年的研究和产业化经验，是一位乐于将人工智能研发做到极致的"技术狂人"。

| 原创研究落地实际应用带来满足

杨恒在国防科大计算机专业读完本科和研究生，当时攻读的是"模式识别与智能系统"方向，他属于我国较早涉足人工智能技术的年轻人。为了在人工智能方向做更深入的研究，2011 年，杨恒来到英国伦敦大学计算机系攻读博士学位，聚焦人脸识别的研究方向。

2014年，杨恒又继续到英国剑桥大学做博士后研究。剑桥大学计算机系旁边是英国动物福利研究中心，杨恒跟该中心的研究员交流时发现，如何用计算机技术解决动物福利的问题是一个很新颖的研究方向，简单地说，就是如何知道动物生病了，需要给予及时治疗，或者如何让动物更开心。他决定从羊入手，因为很多英国农民都有养羊，对科学养羊的技术非常关注。

"我决定用计算机视觉去分析羊的表情，从而判断羊的健康状况。"杨恒回忆道，"这套软件叫'羊脸情感识别系统'，这个系统是对羊脸的表情进行人工智能识别，羊生病了，脸部就会发生一些变化，智能系统则会提醒养殖户对病羊进行治疗。这个系统开发出来后给到英国养殖户去使用，而且获得英国广播公司（BBC）的报道，让我很有成就感。"杨恒在剑桥大学学习期间，写学术论文的同时，用开源方法公布算法代码，也就是希望将所做出的学术成果提供给产业界应用。

不论是在国防科大打下的扎实理论功底，还是在伦敦大学、剑桥大学培养的崇尚创新、追求极致的精神，都让杨恒受益颇丰："海外求学经历给我打下很深的烙印，我记得离开剑桥大学的最后一眼，是看到计算机系大厅里陈列的两块木板，上面镌刻着从剑桥大学计算机系走出来的知名企业名字，包括全球知名的半导体公司ARM、人工智能前沿公司DeepMind等。这些企业规模并不是特别大，他们的技术却能影响全世界，这给我很深的触动，我认识到做一件事要做到极致，那就会成为最棒的精英人才！"

| 扎根深圳南山，成为明星企业

2018年6月，杨恒在南山区深圳湾生态园注册了爱莫科技，这是一家为客户提供高端定制AI解决方案的科技企业。

"从英国学成回国后，从 2016 年到 2018 年，我都在思考如何把科研成果变成落地的产品。我也亲身去感受北京、长沙、杭州等几个城市的创业环境，最后选择落地深圳。后来有人问我深圳市政府做了什么，能把我吸引到深圳落地？"杨恒停顿了一下，笑道，"其实，深圳市政府啥都没有做，这个才是我选择深圳的原因。因为，深圳所有的政策都很公开透明，你只要符合政策，按照流程来，就可以申请到相应政策的帮助，这真正符合海归创业者的需求。在这里你只要有真本事，就可以获得政府的扶持、投资机构的投资，这就是最好的创业土壤。"

之所以选择南山区，是因为杨恒认为南山区能给科技企业带来天然的品牌属性。后来的事实证明，他的选择是对的，他不仅在南山把公司从几个人、100 平方米，做到了几十号人、年销售超过 5000 万元的国家高新技术企业，2020 年夺得广东"省长杯"工业设计大赛优秀奖，而且用先进的技术为南山区抗疫服务，获得社会的广泛认可。爱莫科技捐赠给南山区多家隔离酒店的"智能风险管控系统"，实现隔离酒店高风险行为的主动报警，包括被隔离人员出入房间、安保人员在岗状态异常、敏感区域人员入侵等，协助隔离酒店人员提升防疫管控的工作效率、降低高风险事件发生概率，解决防控中的实际问题。

| 踩"坑"要趁早，代价才最小

鲜为人知的是，作为海归创业者，杨恒创业初期其实踩过无数的"坑"。但他回望自己经历的那些"泥坑"，乐观地说："创业者踩'坑'要趁早，代价才最小。"

2019 年初，杨恒跟一家上市企业签订了几百万元的合同，但由于缺乏商业经验，对客户过于信任，没有在合同中拟定预付款的条款，后来全公司重点投入到这个项目上，全力开发出了客户所需要的系统，但交付产品之后，该企业多次拖欠款项，让杨恒非常被动。

"那时，我们公司成立不到一年，为了追讨货款，我两次上门，可对方总是找理由忽悠我。从那以后，我在签合同的时候更加谨慎，必须有预付款才启动项目研发。这些都是在实战中积累的经验教训。"杨恒说。

2021年，为了见一家外地大客户商谈合作，杨恒一共约了6次，有两次都已经飞到了客户所在的城市机场，可由于客户临时有事或者受疫情影响，他又紧急飞回深圳。就是这样反复折腾，在第7次约见的时候，他终于见到了客户，也谈成了一笔大生意。

"海归创业者有的人脸皮比较薄，不好意思上门要货款，或者被拒绝之后，不肯放下身段再去拜访客户，这些都是属于海归创业者常遇到的困境。"杨恒认为自己比较快地突破了"面子"难关，即使遇到了多次推迟的状况，都能理解对方的难处，对于所踩的各种"坑"也能及时总结教训，确保下次不再犯同样的错误。

| 用真功夫俘获头部企业的"芳心"

爱莫科技成立之初，杨恒为企业定位的是"人工智能公司背后的人工智能公司"，就是为人工智能应用型公司提供算法，让这些公司去做产品和打市场，这样就避免了企业创立之初在市场营销上较弱的短板，也给企业争取了活下去的机会和打磨技术产品的时间。

经过两年的积累与沉淀后，2020年杨恒决定把企业定位调整为"为头部企业量身定制高端AI解决方案的人工智能公司"，继续聚焦赋能实体零售和视觉物联网两大业务方向，客户则锁定为行业的头部企业。

如何让客户信任并选择爱莫科技，成为头号难题。

"毕竟公司成立时间短，品牌知名度不够，如何能与头部企业平等地对话呢？"杨恒问自己。经过反复思考，他给出的答案虽然有点土，但很管用——是骡子是马，拉出来遛遛。

2021年，在广州一个快消品展会上，杨恒认识了来自联合利华数字部门的业务负责人，了解到他们有个需求一直得不到解决，在全球范围都找不到满意的解决方案：联合利华想知道自己品牌的冰激凌在冰柜陈列中是否占据了最好的位置，可由于冰激凌无序陈列且被冰柜的盖子遮挡，所以很难通过计算机视觉技术实现精准识别。杨恒决定用爱莫科技的技术给联合利华提供一个满意的解决方案。

"不到一周，我们做出了系统，并让他们做测试，结果显示，在无序陈列状态下细颗粒度识别，我们的技术是最好的，经过较长时间测试终获得客户认可。我们于2022年签订了合作协议，2023年跟联合利华的合作营收会翻倍增长。"杨恒自豪地说。

从单个大客户刚需出发，衍生出赋能行业的AI解决方案，爱莫科技抓住了机会，针对快消行业终端陈列营销数字化需求，自研了"一拍即核"产品，该产品不仅能实现商品及物料的线下陈列智能核查，即拍即核，实时反馈，还能为终端营销活动提供更丰富多样的玩法。

像这样用真功夫俘获头部企业"芳心"的案例，举不胜举。除了冰激凌，爱莫科技"一拍即核"还应用在烟草、酒水饮料、调味品、食品、药品等细分行业。东鹏饮料也是产品的经典应用案例之一。

作为国内畅销的能量饮料品牌，据东鹏饮料2022年半年度报告，东鹏饮料全国活跃终端网点250万家，经销商地级城市覆盖率达到98.79%。持续加强在渠道端的冰柜投放，拓宽铺货面，提高产品的曝光率和实现终端动销让东鹏饮料从众多品牌中脱颖而出。但随着全国化战略的推进，终端店铺数量剧增，且布局分散，面对的挑战也逐渐显现——大规模、高频率的终端陈列营销活动，让产品陈列、营销活动等难以被有效地数字化，导致品牌难以有效把控市场状况。后来双方携手合作，爱莫科技通过领先同行的超细粒度图像识别算法，助力东鹏饮料智能识别统计各类终端陈列场景的商品 SKU（产品入库后的一种编码归类方法，也是库存控制的最小单位）、数量统计等，帮助其提升了 80% 的图片审查效率，有效解决了市场终端陈列核查等问题。

爱莫科技赋能实体零售的还有另一主打产品"虚拟店长"，通过"领先 AI 能力 + 边缘计算 + 大数据云平台技术"，赋能连锁品牌门店提供与真实店长一样的即时运营调整与消费者体验提升服务。产品已应用在了连锁酒吧餐饮、便利店、新茶饮、药店等众多头部品牌近万家门店的数字化管理升级中。除此之外，爱莫科技在视觉物联网方向还为智慧物流、智能制造等行业提供包括 AI 算法、AI 终端和 AI 系统的全栈式解决方案，已服务招商局集团、华润、中粮、中国电信、中国移动、LG、艾拉物联、网易等 100 多家企业，得到众多大品牌商的认可。

寻找气质相同的投资界伙伴

爱莫科技的客户全都是头部企业，技术实力超群，因此很快获得嗅觉敏锐的投资机构关注，先后得到了华泰证券、奇绩创坛、前海瑞旗、汉能创投、香港新世界等多家知名机构的投资。

回忆牵手投资机构的故事，杨恒说自己是个"幸运儿"，总能在关键时刻找到气质相同的投资界伙伴。"公司成立不到半年，华泰证券给了我们第一笔投资，这是非常宝贵的。当时我们人员还不足 10 人，又没有漂亮的销售数据，可他们对我们公司进行了技术评估和市场调查后，对爱莫科技估值 1.2 亿元，给予了 2000 多万元投资。这笔钱支撑我们早期对新产品的研发。"杨恒感激地说。

A 轮融资，也让杨恒记忆犹新。奇绩创坛是由百度集团前总裁兼 COO（首席运营官）、微软前全球执行副总裁陆奇博士创办的，本质上是想建立一个技术驱动的早期创业生态社区。如果被奇绩创坛选中投资，对于 IT 领域创业者来说就是非常大的荣幸，因为除了获得资金外，还能获得创业辅导帮助。杨恒说："有几千个项目参加奇绩创坛路演海选，录取率不到 1%，他们的投资核心是看创始人的专注度和胸怀，我记得他们问了我两个关键的问题：一是请用一句话描述你在做什么，二是你的合作者和导师是谁。我回答'我在研发覆盖数百万实体终端的零售数据引擎'，然后我把伦敦大学和剑桥大学的导师名字报过去，他们向导师核实了我在英国所作的科研项目，包括了解到我曾参与过的欧盟 FP7 项目研究，在 AI 顶级会议，如 CVPR（国际计算机视觉与模式识别会议）、ICCV（国际计算机视觉大会）、NeurIPS（神经信息处理系统大会）和期刊 TIP（图像处理领域顶级期刊之一）上发表论文 20 余篇，谷歌学术引用超千次，这些信息有力地证明了我的技术实力。"

爱莫科技 A 轮融资的投资方为前海瑞旗和奇绩创坛，此次共获得了 3000 多万元注资，主要用于研发团队的拓展、核心技术 KISS 人工智能平台的升级、实体零售业务的市场扩张、DaaS（即数据即服务）和 OaaS（即运营即服务）的产品研发与市场开拓。奇绩创坛创始合伙人栾运明曾评价说："爱莫科技有着超强的技术水平，并巧妙地采用人与技术结合的模式，打造了已覆盖数百万实体店铺的零售数据引擎，对线下零售行业的数字化变革具有重大价值，是少有的成功跑通了人工智能技术向海量商业化落地的创业公司。"前海瑞旗董事长王翔则表示："爱莫科技团队既有掌握国际领先技术的科学家，也有深谙市场运作的行业专家，是非常接地气、有韧性的科技企业。"

杨恒参加奇绩创坛 2021 春季营路演

承接国家级研究项目落地产业化

2022 年初，一个喜讯传来，爱莫科技承接"面向多元空间融合的视觉计算与图像质量评价"的产业化应用研究获深圳市科技创新委员会项目资金 600 万元。在本轮 24 个获批的项目中，爱莫科技是唯一的初创型公司。

杨恒介绍，这个项目是承接了西安电子科技大学、重庆邮电大学这两所大学完成的国家自然科学基金重点项目"面向多元空间融合的视觉计算与图像质量评价"在深圳的产业化落地，项目基于国家自然科学基金重点项目提出的低层视觉保真度、中层感受可懂度、高层认知美观度的多层次和立体式的可视媒体质量评价新理论，开发面向多模态多场景的视觉质量评价技术、面向真实场景的视频视觉增强技术、跨域图像合成技术，以及面向跨模态视频图像的跨设备目标身份识别技术，并进行产业化，将相关技术应用到爱莫科技的 SaaS（软件即服务）平台和 AI-PaaS（平台即服务）平台等产品线，以及实体零售、汽车安全驾驶、军事、安防、智慧城市等领域，取得经济以及技术上的巨大成功。

"这个项目打通了我们跟大学合作的新思路，西安电子科技大学、重庆邮电大学负责基础理论研究，我们负责产业化落地研发，两者相辅相成，相得益彰。"杨恒介绍，"项目最大的特色在于充分考虑实际视频视觉场景中设备的差异性，研究了基于视觉质量评价的跨设备跨场景的视觉计算方法，对公共安全、媒体行业、卫星遥感和医学图像分析等领域均具有重要意义。"

对于杨恒来说，高水平的产学研合作是他所期待的，这可以为企业构筑更高的技术壁垒和竞争优势，在与国际同行竞争时也能一骑绝尘。

海归创业首先要放下身段

"海归创业者，既需要'貌美如花'，也需要'赚钱养家'，放下身段则是走向成功的关键一步。"爱莫科技创始人杨恒直率地说，"海归创业者都有博士头衔，学术水平很高，回到国内创业最难的就是在实际经营中如何接地气，如何高效快速地理解行业需求，为客户解决实际问题，才能真正带来价值。说到底，拥有持续造血能力，是企业可持续发展与长久经营的关键所在。"

杨恒博士在客户现场开展 AI 主题演讲

他说，人工智能是一个"赋能者"，看似可以服务的行业很多，但实际到底与什么行业结合最好、最有前景，这是非常考验创业者智慧的地方，可以说，寻找正确的方向是人工智能企业最难的事情，如果方向选错了，就会投入很大，但却颗粒无收，或者短期有价值，长期无价值。产品市场匹配问题是人工智能领域创业者最难跨越的一个关口，而放下身段、虚心听取客户的真实需求，才是找到正确方向和理想应用场景的诀窍。

热爱运动的杨恒曾在跑步时有一段感悟："设定好目标，就一直坚持往前跑。前面的路有红绿灯，路上行人也很多，越往后道路越宽敞，路上的人也越来越少。"当他看清楚经营企业是一场持久战之后，就决定既练好"智力活"，同时还要做好"体力活"。

"海归创业者因为学历高、技术水平高，常常在创业早期优势明显，但要走得远、走得稳，就一定要做好本土化工作，越接地气的人，越能发展得好。"

郭滨刚，深圳市光科全息技术有限公司创始人、董事长，深圳市海外高层次人才，深圳市第七届人大代表。

2018年，深圳市光科全息技术有限公司被人社部评选为"最具成长潜力的留学人员创业企业"；2022年2月，作为新材料企业入选中国科协举办的"科创中国"新锐企业榜。

郭滨刚：

谱写光子超材料薄膜的产业化传奇

2023年1月，深圳市光科全息技术有限公司（简称"光科全息"）获批"广东省超结构光学材料工程技术研究中心"。就在此前不久，光科全息刚被评为2022年度深圳高新区发展专项计划科技企业培育项目"高成长企业"。

光科全息创始人、董事长郭滨刚博士对于这些荣誉的获得显得淡然。让他感到自豪的是，在过去3年新冠疫情席卷全球的背景下，光科全息在光子超材料薄膜的产业化道路上迎难而上、开拓奋进，跨入了产业化的高速发展阶段：2022年9月，光科全息光子超材料生产基地项目在赣州启动，首块超高光效的光子银幕顺利下线；极米科技、海信、EPSON（爱普生）等上市企业成为光科全息的重要客户，光科全息与头部企业的合作渐入佳境。

光科全息荣获"高质量发展领军企业"殊荣

回国创业遇到暖心接待

2016年春天,郭滨刚孤身一人从日本东京飞往深圳,在旅途中他回想自己在日本奋斗的10年历程仿佛是"十年磨一剑"。

从西安交通大学材料专业博士毕业后,郭滨刚来到日本东京大学做博士研究员工作,主要从事新型纳米电子材料的研究开发。归国前,他曾在日本富士通研究所、ADTEC等离子研究院、筱田等离子株式会社等多家知名日本企业研究部门兼任或出任研究员。

他被日本认定为"高度人才的外国人",在长期的新材料科研工作中,他认识到光子晶体类超材料能对光进行精密调控,具有广阔的应用前景,它能应用的领域涵盖了显示产业、光源、光健康、光传感器、光通信、光芯片、光子半导体等众多的大型产业。这些产业都蕴含着数百亿甚至数千亿美元规模的市场价值,未来具有总规模超过万亿美元的巨大产业机会。

"在日本,我跟随东京大学的导师从事科技创业的过程中,看到科技产业化的神奇魅力。"郭滨刚说,"尤其是看到把制备有特殊纳米电子材料的微米细小玻璃纤维管排列组成一个柔性表面后,其发出的特定波长的光辐射就能治好皮肤病,我感受到科研成果转化为商品后的巨大价值。从那一刻起,我就梦想有一天自己能带领团队把科研成果推向产业化,造福社会。"

2015年,在国家创新创业浪潮的吸引下,郭滨刚毅然决定离开日本优渥的科研工作和生活环境,委托朋友在深圳注册了光科全息公司。2016年初,他第一次到深圳实地考察创业的环境,没想到深圳公务员给他留下了极其深刻的印象,改变了他过去对公务员刻板的印象。

郭滨刚充满感激地说："我当时是真的一穷二白，科技创业需要的启动资金、场地、团队，我一样也没有，有的只是脑袋里的知识和技术以及一份归国人员证明书。"深圳市委组织部工作人员热情地接待了郭滨刚博士，并安排专人陪同他到深圳的科技企业、研究机构实地考察，感受深圳独具特色、十分高效的科技创业环境。他问这位工作人员："你没有别的工作吗？怎么会成天陪着我到处考察企业？"工作人员告诉他，他的工作任务就是帮助郭博士认识深圳和了解深圳，帮助像郭博士这样的归国创业人员的项目顺利落地。

在深圳市委组织部协助下，郭滨刚在短时间内就大致了解深圳的创业环境，获取了创业必需的各种信息资源，不仅顺利申请入驻了虚拟大学园产业化基地，而且很快找到创业合伙人启动了研发工作。郭滨刚对深圳的科技创业环境赞不绝口："2018年，日本东京电视台记者来公司采访我的时候，我向他们介绍了自己的切身感受，深圳的营商环境优越，行政办事效率非常高，公务员素质令人敬服，深圳是真正有希望成长为亚洲硅谷的高科技领袖城市。"

| 试水展会产品一炮走红

光子晶体类超材料应用前景十分广阔，那么，最先面向哪个领域研制产品呢？这是很考验技术型创业者的一个课题。

郭滨刚最初创业并没有多少资金，也很难获得专门用于生产光子晶体类超材料的精密加工设备，因为这一领域的仪器和设备均价格昂贵且主要是面向实验目的，无法用于量产，定制开发新的精密加工设备则动辄成本超千万元。他决定采用国内小型的单体高真空设备，通过小尺寸、非连续的生产方式，验证获得高精密的小型光子晶体薄膜材料，该产品可以应用于半导体光学滤波器上。

2016年的高交会上，刚成立半年的光科全息展出了最新研制的光学薄膜材料。为了更好地展示这一新材料的优良性能，郭滨刚和伙伴们想到了可以采用投影方式展示新型光学薄膜对彩色光的滤波效果。他微笑着说："我真没想到很快就会有人前来询问光学薄膜的价格，那时我们也没有准备好报价单，就按样品定制报了较贵的价格，没想到订单很快成交了，这就是'无心插柳柳成荫'吧！我们很快根据这一市场需求调整了初期的产品化方向，找到了较好的落地场景，启动了光滤波超结构材料的产业化验证路线。"

此后，光科全息与分众传媒等传媒公司合作，把高光效的投影成像光学薄膜应用到电梯广告，由传媒公司负责铺设渠道，光科全息负责根据客户需求设计提供投影薄膜产品的整体解决方案，于是，用全新的高光效薄膜显示技术打开了传媒领域的一个细分市场——新兴电梯投影传媒行业。光科全息采用自研的高画质光子薄膜，在制造大尺寸和超大尺寸投影屏幕时，其材料成本和用户使用成本上都要远远低于市场上的LED（发光二极管）和OLED（有机发光二极管）屏幕，形成了明显的产品竞争优势。

同年10月，光科全息参加了深圳"双创周"展会。郭滨刚欣喜地说："自从亮相高交会和'双创周'以后，全国各地来深圳了解和寻购光子薄膜产品的客户络绎不绝，我们并没有打广告，通过深圳的展会就迅速为许多客户所了解了。"

遭遇两次风格迥异的投资

谈及融资，郭滨刚笑言自己是个"小学生"，还一直在学习这一对自己而言是全新领域的知识。"在融资过程中，遇到过两种风格迥异的投资人，这两次截然不同的融资经历，感受到国内天使投资人和基金公司都各有自己的内在判断逻辑，各有特点。"

2016年底，在深圳市科创委和市委统战部等有关部门热心帮助下，郭滨刚参加了多个路演活动，结识了几位潮汕籍的天使投资人，其中有一位跟郭滨刚同年的投资人肖总，第一次见面就和郭滨刚十分投缘。第二天，肖总带着投资协议再次来到光科全息，决定给郭滨刚的初创公司投资1500万元。他对郭滨刚爽快地说："天使投资与其说投项目，不如说是投人，是投资人对创业者的判断所做出的投资决定。"刚回国不久的郭滨刚为在国内投资界遇到有如此魄力的投资人倍感惊喜，而且深感深圳这一创业热土的投资人十分重视企业家的人格精神和力量。

2019年夏，光科全息进行Pre-A轮融资，国创城谷基金在决定投资光科全息之前，对企业进行了长达数月的专业化尽调工作。郭滨刚回忆道："当时基金团队对财务报表、现场验厂、客户拜访、高管访谈、供应商体系等方面进行了全方位严格的调研审核工作，他们在工作上更加重视量化数据和具象化结果，重视通过数据所展现出的核心技术体系和商业模式逻辑，体现出很强的团队专业性，这也是国内基金公司普遍的做法。"通过了严格的审核之后，光科全息获得了3000万元的增资，用于实现光子材料产品的量产，以及新产品的进一步开发。

好产品傍上大品牌迅速走俏

2018年,国内智能投影和激光电视领域的头部企业"极米科技"到美国拉斯维加斯参加CES(国际消费电子产品展)展会,极米科技展位上使用了光科全息提供的光子薄膜显示屏幕,色彩艳丽,现场展示效果很好,光科全息与极米科技在智能投影产品上的首次合作十分成功。

极米科技的几位创始人和郭滨刚在展会期间进行了技术交流,相谈甚欢,回到国内后双方就安排了企业互访。通过密切交流,极米科技团队认可了光科全息研制的新型光学材料"光子薄膜",认为其具有对投影产业中数十年未变的传统投影屏幕产品实现材料革新和产品升级换代的潜力。就如同投影光源技术从早期的卤素灯逐步革新换代为LED、激光等先进光源技术,光科全息的光子薄膜有希望成为投影行业引领屏幕技术革新的新材料领军力量。相比传统PVC投影屏幕上色彩暗淡惨白的效果,用光科全息的光子薄膜制作的PET光学微结构屏幕对显示效果的提升极为显著,高光效光子投影薄膜展现的画质几乎可与液晶显示屏和LED显示屏媲美。因此,双方团队决定采用光子薄膜来开发制造出新一代的投影屏幕产品,共同推动中国投影行业在屏幕技术领域的技术换代与革新。2019年,双方联袂推出了"光子幕1.0"和"光子幕2.0"系列产品;2020年,"光子幕"系列产品在京东和天猫平台上实现了良好的销售业绩并迅速掀起对传统幕布产品的升级换代浪潮。当前,"光子幕"产品已在京东平台投影屏幕品牌排行榜上稳稳占据第一名位置。

"光子幕"被极米科技采用后在业内形成了使用HOLOKOOK光子薄膜新材料技术的革新风潮,光科全息的新材料产品随后陆续获得了海信、坚果、EPSON、得力、创维等更多头部企业的认可。具有更优光学效能的光子薄膜材料产品未来将进入千家万户。

郭滨刚说："当好的产品遇到强有力的合作者，就能迅速打开市场，极米科技是批量化采用我们新材料产品的第一个行业大客户，给予了我们巨大支持，这对于我们开发的 HOLOKOOK 系列新材料技术在行业内树立起品牌声誉以及加快市场渗透帮助很大。"

要做一棵心怀梦想的向日葵

有了投资机构的助力，又成功牵手了头部企业，郭滨刚在创业道路上越走越顺，可他心中始终没有忘记创业的初心："我想做一棵心怀梦想的向日葵，既要扎根大地汲取营养，还要始终面向太阳，恒心如一实现梦想。我创业的梦想是要开发出新一代的光子禁带型半导体材料技术，用新材料突破制约人类信息技术发展的瓶颈。光子半导体属于前沿科技领域，包括光子半导体新材料、光子半导体器件开发与设计、光子半导体精密加工、光子信息处理架构等全新的多领域交叉的复杂系统科学领域。"

那么，在光子芯片等新一代光子半导体器件的设计、制程、工艺、加工设备、光信息处理架构等都尚不成熟的前提下，如何验证并开发出科学可靠的光子半导体基础材料用于满足光子芯片等新一代光子半导体器件的未来需求呢？诚然，基础材料研发需要先行，然而，通向成功产业应用的道路还隐现于迷雾之中。他坦诚地说："充满未知的创新之路迫使我在条件极为受限的背景下，对光子半导体材料体系以及对尚未出现的全光芯片技术进行仿真系统分析，逐步分离、剥离出关键要素技术，再尝试组合构建出合乎未来产业化逻辑的离散要素关联矩阵用于指导研发，这是一项非常具有挑战性的工作，可以把原本很难落地的复杂系统创新项目分解成多个支撑性关键节点来降维分别验证。比如，通过显示产业用色彩滤波和高光效光子薄膜产品的设计、开发和制造销售，可以把我们实验室获得的超结构材料的节点性成果进行量产级工艺和材料体系的逐一实证，这样逐步把必要要素技术一一验证之后，我们的团队就具备了面向光子芯片基础材料这一更高维度科技研发的启动基础。"

郭滨刚十分清晰自己的创业路径，按照既定的步骤，为了实现创业梦想，在最初的6年里他都在做一系列要素技术的研发，而且培养了一支能够将实验室成果量产的工程师队伍。创业初期的研发工作主要是集中于探索纳米尺度的光子晶体类超结构的实现方法和对该类型微观构造的特性表征，以及未来如何将该技术成功应用于光子精密调控和光半导体器件技术。他介绍："我们2018年已在实验室里研制出了完全自主设计的全光二极管，下一步计划面向全光晶体管和全光逻辑器件的要素技术进行预研开发，未来可以用其实现全光计算架构的光子芯片，搭建起使用全光架构处理核心的新型计算机系统，当然，这还有很长的路要走。"

2021年，光科全息推出了一款梦幻般的"光子薄膜银幕"产品，从光子薄膜材料到完整产品形态，由光科全息团队基于自身知识产权的光子材料技术研发完成。同比其他传统银幕，光科全息研制的光子银幕除了展现出巨幕尺寸下的工艺成本优势外，还具有十分突出的光效领先技术优势：光子银幕实现了业界最高水平的max9.0级别的超高亮度系数；还能通过特殊微光学结构设计来实现影院级观赏的视野角度要求；光科全息的光子银幕的各项光学性能指标比代表现有世界最高技术水平的"终极银幕"的各项属性高出数倍，获得了业界权威机构的测试认可和签约合作。

为了践行"科技抗疫"，光科全息利用自身在微纳米材料的超构化设计领域的技术优势，研制出一种高密度有机阳离子型的超分子消毒材料。

该超分子材料产品对冠状病毒、细菌、真菌和霉菌均具有99.99%以上的强大消杀效力,并具有无毒无刺激、安全稳定、无挥发等优点。经第三方专业机构测试后证实,光科全息的超分子消毒材料在喷后连续30天里可以对测试标志菌保有持久稳定的99.999%以上的极强杀菌效力。该消毒材料2021年成功通过了国家消毒产品备案,并被应用于全国多地公共场所的疫情防控消杀工作,如江西省赣州市章贡区疫情防控指挥部、深圳罗湖口岸、深圳边检武警支队等,展现出新材料企业面对疫情时的责任和担当。

凡是过往,皆为序章。2023年注定是不平凡的一年,因为从这一年起,光科全息将启动面向光子半导体材料的新阶段研发工作,从简单到复杂,从分离要素到复杂系统开发,一步步实现光科人的全光芯片梦想。

光科全息团建照

瞄准全光芯片技术进军

用光子来承载信息并实现信息的处理和调制具有远超过电子信息数个数量级的超高速度、超强抗干扰、并行处理、超大容量等突出优势，实现对光子加载信息的精准调制，意义非凡。

郭滨刚指出："未来，CPU等芯片里承载信息和数据运算的不再是电子，而是光子，这种光子芯片的运算性能指标将比现有电子芯片提升多个数量级。光子计算机一直是世界各国科学界重点关注的前沿课题。"

作为一种具有光子禁带特性的光学超材料，光子晶体是当前世界各国新材料领域的重点研究方向之一，也是超结构光子材料的核心产业化目标，未来具有十分广泛的应用价值。光子晶体代表着光半导体材料产业的发展未来，使用光子晶体可以实现对光波和光场的精密调控，就像使用了魔法师的魔法棒一样可以让光子乖乖听话，从而助力信息产业推进到全新的光子信息时代。由此，光子晶体也被科学家们和产业专家们认为是一种新的"光半导体"或"未来半导体"的基础材料。参考电子半导体材料在信息产业方面的应用，人们推想可以通过光子晶体制造的光子半导体集成器件系统来精密调控光子从而实现光信息处理，比如，制造光子计算机。

郭滨刚对基于全光逻辑运算架构的光子芯片的未来十分看好："光子芯片，是以光子代替电子作为信息的载体，将光信号传输、储存、逻辑运算和处理、传感等器件微型化，并集成到同一光子晶圆材料中，实现与电子芯片类似的各种信息处理功能。受制于摩尔定律，电子集成芯片的潜力已接近极限。与电子芯片相比，以光代替电作为信息载体，能进一步减少芯片能耗，大幅增加信息的并行传输容量和效率，显著提升芯片运算处理速度，以及改善信息存储密度等，是一项面向未来的颠覆性、战略性和前瞻性技术。"

长期以来，国内半导体工业被发达国家"卡脖子"，高端芯片器件严重依赖进口，自给能力有限。因此，发展全新技术路线的光子芯片，实现换道发展和弯道超车是国家发展半导体产业和新一代信息技术产业的重大战略需求。光科全息以发展面向未来的光子芯片材料技术为目标，对全光晶体管、光子晶体逻辑器件开展了大量前沿基础研究。郭滨刚指出，之前对基于光子晶体的器件结构的仿真模拟，已经证实了光子晶体材料对集成光路调制的可行性，现阶段要利用光科全息建立的校企产研合作平台，加工制作出具有特殊结构设计的光子晶体微型器件，测试并优化器件性能，利用开发出的全光二极管及全光晶体管基础器件，尝试搭建起初级的逻辑运算光路，为未来光子芯片设计和光子器件集成技术夯实基础。同时，不断探索诸如光子晶体、自组装超分子等超材料在光学微腔、偏振光调控、生物医疗等方面的深入产业应用。

光子禁带材料的出现，使得信息处理技术的"全光子化"和光子器件的微型化与集成化成为可能，它可能在未来导致人类信息技术的再一次革命，其影响可能与当年电子半导体技术的集成电路的出现相提并论。郭滨刚正是看见了这一未来曙光，作为新时代的追梦人，他带领光科全息勇立潮头，踔厉奋进，积极为伟大祖国的腾飞做出新一代海归青年的贡献。

"深圳是创新创业的沃土，新一代光互联技术在这里扎根和发展，一定会结出丰硕的果实。"

黄君彬，深圳市埃尔法光电科技有限公司董事长，深圳市海外高层次人才。

2022年，深圳市埃尔法光电科技有限公司获得第十四届中国深圳创新创业大赛电子信息行业企业组第一名。

黄君彬：
掘金下一代新型光互联产品

2022年金秋，深圳市埃尔法光电科技有限公司（简称"埃尔法光电"）喜获第十四届中国深圳创新创业大赛电子信息行业企业组第一名，这次获奖距离黄君彬创办埃尔法光电整整6年。

回顾从美国回到国内创业的这段经历，黄君彬感慨万千，他说："想要创业很容易，能够坚持下去才不简单，需要创业者自己清楚自己的目标和想法是什么，才会想办法保持公司稳定地发展。我相信埃尔法光电的未来很美好，因为我们选对了深圳这座城市和有巨大潜力的赛道。深圳是创新创业的沃土，新一代光互联技术在这里扎根和发展，一定会结出丰硕的果实。"

▎难忘在美国打工的岁月

2011年，黄君彬从美国宾夕法尼亚州立大学电子工程专业博士毕业，他给富士康美国研发总部投了一份求职简历，顺利被录用了。

"30岁之前，我绝大多数时光是在校园度过，没有任何工作经验，当我入职一家高科技公司之后，暗想我应该创造出比自己所获得的薪资更大的价值才行。"黄君彬对自己提出了更高的要求，就像一块海绵不断地向同事们虚心请教专业知识。

当时，富士康美国研发总部重启了面向光通信产业的"凤凰计划"，于2012年初与IBM（国际商业机器公司）开展交换培养计划，派出一支工程师团队去IBM学习光通信技术，勤奋好学的黄君彬有幸成为其中一员。

这次交换培养的经历，让黄君彬受益匪浅。他回忆道："在IBM学习期间，我看到了全球最优秀的科学家是如何工作的，他们成功地把知识变成产品，又服务于人类社会，这个过程与大学教授从事科学研究完全不一样，这个过程令我着迷，我也特别希望从他们身上学习到所有的经验。"

于是，黄君彬每天在IBM工作10多个小时，常常是深夜才回家小睡一会儿，次日一早又赶到实验室去。如此工作了3个月后，在项目验收的时候，富士康小组就派出黄君彬来做对接验收，包括光学、电学、结构设计、封装工艺、热学分析、高频测试等各个环节，黄君彬全面掌握了整个新型光模块产业化技术。

从IBM再回到富士康美国研发总部，他就升为光学研发部主管，开始负责跟苹果、惠普等全球一流企业做光学产品的定制研发工作。

| 巧遇投资人萌生创业念头

2015年，黄君彬在美国遇到来自广东的老乡叶石荐，叶石荐给他介绍国内越来越优越的创业环境，并说："你已经掌握了先进的技术，而且国内经济发展很快，你如果想回去创业，我作为天使投资人，给你一笔启动经费。"

黄君彬的心被触动了。他说："我在美国宾夕法尼亚州立大学读博士时就接触了芯片级光互联的相关研究，毕业后任职于富士康美国研发总部也是一直从事光互联、光引擎的研发。我从 IBM 学到的是如何研发高精尖产品，从富士康学到了如何实现量产落地。而且，我发现芯片间电子元器件的电连接是将芯片做小做好的重要挑战，而光互联在速率、发热量、延时以及对噪声的抗干扰能力上都远优于电连接，因此芯片级光互联是下一代芯片的重要研究方向。国外高校包括 MIT（麻省理工学院）、UCLA（加州大学洛杉矶分校）、斯坦福大学，通信产业巨头包括 IBM、英特尔、苹果等均有相关方向的研究，而国内相关的研究和产业在此时几乎是空白，

埃尔法光电团队与客户合影

国家十分需要这方面的人才。在自身强烈的爱国情感的支配下，我决定回国创业，不负所学。"

经过大半年的准备，2016年7月，黄君彬带着一家四口回到了阔别多年的深圳，为祖国芯片级光互联贡献自己的力量。

"我从小在深圳长大，深圳中学是我的母校，我18岁考入北京大学，35岁这一年我回来了，回到最熟悉的家乡创业。"黄君彬知道，自己要从技术角色转变成全能型的创业人才，还有很长一段路要走，但他并不畏惧，因为这里是他的故乡，有熟悉而热情的亲友们，可以支撑着他走得更远、更扎实。

2016年8月初，黄君彬在深圳南山区留学生创业园注册了埃尔法光电，专注于下一代新型消费级光电模块及光引擎产品自主研发和生产，同年底，获得了近千万元天使投资，其中包括叶石荐投资的300万元。2017年，为了建生产线，黄君彬把公司搬到了龙华区。

| 来深创业感恩政府雪中送炭

黄君彬逐渐熟悉了国内的创业环境，感觉一切比他想象的还要好。2018年春天，龙华区重点研发资助项目评审会正在进行，埃尔法光电和另外一家知名企业参与该项目的申报，专家们将对这两个项目进行评审和筛选。深圳市中小企业融资担保有限公司（简称"深圳中小担"）的专家在评审会上发言："这家知名企业已经从政府拿到团队项目资助，有不少资金扶持，而埃尔法光电虽然个头不大，但技术领先，这个时候如果重点研发资助项目能获批，企业就可以迈上一个大台阶，帮助它从小微企业成长为中型企业。"与会专家再次认真评审项目的技术实力，最终埃尔法光电胜出了。

"这笔 600 万元的研发资助对我们研发新产品大有帮助。"黄君彬感激地说,"深圳中小担后来到企业尽调,为企业提供上千万元的担保,在 A 轮融资的时候,他们也参与进来。龙华区政府给了我们和深圳中小担结识的一个宝贵机缘,后来我们就持续合作,企业不断做大做强,这也显示了深圳市公平公正的营商环境,对企业发展极为有利。"

埃尔法光电借助龙华区的资助,提升了技术能力,申请了近百项专利,公司还通过多项权威体系认证,拥有目前消费类光电市场唯一的 CNAS(中国合格评定国家认可委员会)实验室。

2019 年,埃尔法光电承担了国家重点研发计划宽带通信和新型网络重点专项——"面向数据中心的短距离光互联技术",埃尔法光电利用成型光学和菲涅尔光学技术,实现低成本、高密度的光路耦合、集成和封装,有效解决了数据中心的通信高能耗问题。

为何埃尔法光电要瞄准短距离光互联技术的研发呢?黄君彬解释道,继数据中心和电信领域光纤传输普及之后,C 端用户对传输速率的诉求不断增加。未来随着 5G 及高清显示的普及,数据传输需求增多,光纤传输的需求也将继续增长。传统铜线 HDMI(高清晰度多媒体接口)在面对高带宽、高分辨率和长距离的要求,逐渐捉襟见肘,在 8K、分体式电视、超高清视频、投影仪、工业摄像头、医疗内窥镜等应用领域已无法满足当下需求,消费级光通信市场正在快速增长,仅光纤 HDMI 的市场容量就达到数十亿元。除了经济价值的考量,更多出于产业链安全的考虑,数据中心短距离光互联领域突破一系列"卡脖子"的关键芯片、器件和技术,这在美国对我国尖端通信产业全方位扼制的今天,对我国信息安全、通信产业健康发展具有非常重要的意义。

好产品如何找到好销路

光电模组和光缆是光通信领域重要的零部件。由于光纤在传输速率及线缆长度、纤细度等方面特性均大幅度超越铜线,并突破了铜线多方面局限性,"光进铜退"已是通信领域不可逆的趋势。黄君彬是一名技术型的创业者,他对技术发展趋势的把握很到位,同时,他深知只有帮助好产品打开销路才是创业成功的必由之路。

黄君彬从富士康学到一个商业秘诀,那就是不跟客户去直接竞争,所以,他不会直接跟品牌客户合作,而是去寻找品牌客户的供应商,给这些供应商提供全套的解决方案,做"幕后英雄"。比如,东莞有数量众多的铜线生产商,黄君彬找到这些线材厂,给他们提供纯光模组的解决方案,生产出主动式 HDMI 产品,再让他们给自己的终端客户提供消费类的光互联产品。他说:"我派技术人员教会他们生产、测试,做出合格的光互联新产品后,再给下游客户使用,客户发现光传输产品确实物美价廉,订单就会源源不断地下过来了。"

在黄君彬看来,新型光通信产品应用的场景非常多,比如,医疗检查中使用了各种成像系统,如内窥镜、CT(计算机层析成像)、MRI(磁共振成像)、DR(数字化 X 射线摄影系统)等,在临床环境中使用这些设备传输文档、图像和视频等数据,甚至利用高清图像进行远程诊断,除了需要设备的支持,也对信号传输有了更高的要求。埃尔法光电医疗定制产品可以适应信号源不同的接口,以高分辨率、高带宽、抗干扰、零延时的优势,高清、快速和稳定地传输信号,满足医疗器械产品对光传输的新需求。如今,医疗器械龙头企业迈瑞医疗也采用了埃尔法光电的光传输产品。

2022 年,黄君彬在跟专业视频矩阵盒子供应商交流的时候,发现如果使用光模组可以让专业视频矩阵盒子大幅降低成本，而且不受电芯片的制约。基于这个发现，埃尔法光电研发出工业定制模组，可以广泛应用于智慧仓储、3D扫描、汽车制造、工业视觉等多个领域。

黄君彬还提到，埃尔法光电从成立后就专注于光模块和光引擎产品的产业化，从2020年到2022年，埃尔法光电的产品在全球消费类光通信开放性市场出货量逐年攀升。2016年市面上一对光模块产品售价是50多美元，近几年国内光模块价格从高位一路下降，如今出货价是30多元人民币，惠及国内数量众多的电子信息产业厂商。这恰恰是黄君彬带领团队研制国产消费类光互联产品进入全球量产市场的价值体现。

| 知名投资机构看好埃尔法光电

优秀投资机构对最新技术的追逐永远是最敏捷的，他们会把资金投到最有产业化前景的技术新锐手中，帮助他们迅速扩大产能，满足不断增长的市场需求。埃尔法光电就是被投资机构相中的幸运儿。

2020年底，埃尔法光电完成近亿元A轮融资，由峰瑞资本、中金创新联合领投，深圳中小担、南方人才基金跟投。黄君彬表示，本轮融资主要用于原料采购、补充流动资金、设备采购及人员扩充。

有了资金注入，埃尔法光电如虎添翼。2021年，凭借三年业绩连续增长率203%，埃尔法光电跻身"2021深圳高科技高成长20强"。2022年，埃尔法光电参加广东省人力资源和社会保障厅举办的"众创杯"创业创新大赛并获得了金奖，这大大提升了企业知名度，并引来新一轮投资机构的追捧。

2022年，埃尔法光电成功完成B轮融资，投资方为深圳市创新投资集

埃尔法光电跻身"2021深圳高科技高成长20强"

团有限公司和博将资本。此次融资，彰显了头部投资机构对埃尔法光电的认可和信赖。凭借本轮融资，埃尔法光电将继续深耕新型光互联解决方案，结合先进的光通信技术和国内前沿科研能力，依托国内外高速发展的光通信市场，打造世界一流的具有尖端科研创新能力和掌握广阔市场资源的高端全能型企业。

黄君彬介绍，随着5G、云计算、大数据、人工智能等新型信息技术的迭代升级和普及应用，全社会数据流量和算力需求迎来爆发式增长。同时，传统电芯片性能的进一步提升面临摩尔定律演进失效的问题，算力供需矛盾日渐凸显。光芯片以光为信息载体，是与电芯片平行发展的器件集成体系。光芯片通过对光的处理和测量实现信息感知、传输、存储、计算、显示等功能,因其具有速度快、稳定性高、工艺精度要求低和可多维度复用等优势,有望打破电芯片的发展禁锢,为芯片发展带来新的契机。

随着物联网、虚拟现实和人工智能产业的迅猛发展,新一代光互联技术的应用也面临井喷式发展。面对高速增长的市场需求,黄君彬语重心长地说:"我国光芯片技术产业的整体生态建设仍不完善,在基础材料、配套软件、加工制造等方面存在明显短板,部分产品中上游产业严重依赖海外。未来,希望政府继续加大对光芯片技术和产业的支持力度,夯实发展基础,补齐产业短板,集技术、产业、政策、投资之合力助推光芯片领域高质量发展,在全球光通信产业抢得先机。"

|创 业 指 南 针|

海归创业者走向成功的"秘诀"

海归创业者,一般都是高学历的技术"大咖"。然而,光有一技之长,要想创业成功还远远不够。几位海归创业者分享了自己的成功经验,总结起来海归创业者走向成功有四大"秘诀":

第一,放下身段是走向成功的关键一步。"海归创业者,既需要'貌美如花',也需要'赚钱养家',放下身段则是走向成功的关键一步。"爱莫科技创始人杨恒博士直率地说,"海归创业者都有博士头衔,学术水平很高,回到国内创业最难的就是在实际经营中如何接地气,如何高效快速地理解行业需求,为客户解决实际问题,才能真正带来价值。说到底,拥有持续造血能力,是企业可持续发展与长久经营的关键所在。"

他说,人工智能是一个"赋能者",看似可以服务的行业很多,但实际到底与什么行业结合最好、最有前景,这是非常考验创业者智慧的地方,可以说,寻找正确的方向是人工智能企业最难的事情,如果方向选错了,就会投入很大,但却颗粒无收,或者短期有价值,长期无价值。产品市场匹配问题是人工智能领域创业者最难跨越的一个关口,而放下身段、虚心听取客户的真实需求,才是找到正确方向和理想应用场景的诀窍。

第二,海归创业者一定要深深扎根本土。光科全息董事长郭滨刚说:"海归创业者一定要深深扎根本土,才能获得成功。海归创业者往往都各有优势和特长，但是多数都会遇到归国后'水土不服'的难关。毫不夸张地说，创业其实是'九九八十一难'充满风险的旅程，任何一个'坑'都有可能让创业者功亏一篑。我们每个人都不可能是全才，一旦踏上创业的道路，以最快的速度扎根本土接地气，补齐短板均衡发展从而快速形成自我造血功能，才能在创业道路上越走越稳。"

关于海归创业者如何扎根本土，郭滨刚认为，从产品定义、员工组织、市场开拓、客户关系，到项目申报、资本融资、中试量产等各环节，都要注意接地气。比如，与投资者谈判的时候，海归创业者要理解国内的资本市场，不能像面对海外投资人那样来面对国内的投资者，因为国情和投资理念都有很大的差异；在企业文化方面，国内员工思想开放、思维发散性强；在产品定位上，则要考虑国内市场特点和客户的差异性需求。他直言不讳地说："海归创业者因为学历高、技术水平高，常常在创业早期优势明显，但要走得远、走得稳，就一定要做好本土化工作，越接地气的人，越能发展得好。"

第三，组建一支志同道合的创业团队，成员之间能互为补充，高效协同。汉诺医疗创始人、首席科学家李轶江认为，海归创业者在创业过程中要做到少犯错误，最重要的秘诀就是能团结志同道合的小伙伴，团队成员需要协同作战，要建立共同的文化，包括共同的愿景、使命和价值观，以及共同的方法论。汉诺医疗核心团队成员都是愿意为人类健康做贡献，都希望做急危重症患者的"守门人"，大家为了共同的愿景可以不畏艰难险阻扫清产业化过程中的"绊脚石"，这是汉诺医疗短短几年内能研制出国内首套ECMO系统的最重要的原因。

埃尔法光电董事长黄君彬表示，将自己的某一项能力发挥到极致，可以成为行业的专家，但是如果想要创业成功，却是远远不够的。他说："创业初期，资金、技术、人脉、团队、渠道这些都是特别重要的。具备了这些，才具备创业的基础条件。建设一支接地气的团队、做好本土化渠道建设、拓展更多本地人脉资源，这些对海归创业成功至关重要。"

第四，商业模式需要更快获得用户反馈。海归创业者由于水土不服，大多在创业早期会走一些弯路，但这些弯路也是创业的必经之路，最终会对未来的定位及战略形成深远且正向的引导。华先医药董事长叶伟平曾经在刚回国时走过一段弯路，他希望打造一个专业的催化技术公司，结果这个商业模式证明很难成功，需要太多运气才能碰到一个催化剂能在某个产品上应用并放量。他在这个商业模式上走了几年的弯路，也经历过抵押房产筹措资金的困窘。

回头看这一段弯路，叶伟平总结道："海归创业者在摸索商业模式的时候，应该更快速获得用户反馈，才能找到正确的方向，而不是在象牙塔里光凭借想象力去发现一个正确的创业方向。我们前期的摸索过程，其实也是一个接地气的过程，如果当初这个时间段能缩短一些，那就更幸运了。另外，创业是持续获取客户以及投资者信任的过程，是适时转变市场视角的过程，是勇于革新带领团队茁壮成长的过程，在真正把握一个新方向、新变革的底层逻辑后，创业者应该坚决地往前推进，并不断地思考如何在这个过程中走得更好、更长远。"

第四章 百折不回成将才

不要失去信心,只要坚持不懈,就终会有成果的。

——钱学森

刘超峰，在通信领域有过多次创业的经历，后来创办深圳市钱海网络技术有限公司，为成千上万家中国企业走向海外提供安全快捷的数字化支付服务。

赖俊生，在加拿大成功创办的 Concord Idea 公司，曾被德勤会计师事务所的杂志评为"加拿大科技界拓展最快 50 强"。他回到中国创办皇虎测试科技（深圳）有限公司，目标是要让国产内存测试设备走向世界。

喻东旭，第一次创业非常顺利，第二次创业以惨败收场，第三次创业将深圳市华科创智技术有限公司打造成纳米银材料产业链的明星企业，实现了从纳米银墨水研发、合成、涂布、大规模工程应用到智慧终端的全产业链布局。

他们都有多次的创业经历，有的在创业路上呛过水，有的曾经创业成功，声名远播。这些连续创业者有一个共同的特点，就是特别能坚持。

创业艰难百战多，百折不回成将才。

———

"在企业发展的过程中,我们深谙'慢即是快'的道理,不追求短期利益,只为真的满足市场需求和消费体验。"

刘超峰,深圳市钱海网络技术有限公司创始人,工信部颁发的"创新服务最佳实践案例"个人获奖者。

深圳市钱海网络技术有限公司凭借"全球数字支付解决方案与服务"项目获得第十三届中国深圳创新创业大赛电子信息行业决赛三等奖。

刘超峰：
让中国跨境支付平台服务全球贸易

2022年8月中旬，第十届中国电子信息博览会在深圳举办，深圳市钱海网络技术有限公司（简称"Oceanpayment"）入榜"中国电子信息'专精特新'最具投资价值TOP 20"，半个月后，Oceanpayment的"数字支付赋能电子商务创新发展"项目又成功入选"2022年广东省服务贸易十大优秀案例"。接踵而至的喜讯，彰显出Oceanpayment过人的技术实力，该企业研发的全球数字支付技术和运营服务系统，已服务全球包括中国跨境电商在内的数十万个网站，交易覆盖200多个国家和地区，打破了海外支付巨头基于全球数字支付领域在中国跨境市场的垄断，成为中国数字支付技术领域最醒目的民族品牌。

Oceanpayment是深圳市钱海网络技术有限公司打造的全球跨境支付品牌，其创始人刘超峰是一位拥有多年连续创业经验的陕西青年。他说："当Oceanpayment被越来越多海内外商户青睐和使用的时候，我感觉过去的多次创业仿佛都是为打造Oceanpayment做的准备和铺垫，连续创业的收获除了业务本身的突破，还有我对自己的突破。"

Oceanpayment 参加第 6 届全球跨境电商峰会

物理老师赴深当上销售员

20 多年前,刘超峰乘上一列从上海开往深圳的绿皮火车,奔赴向往多年的鹏城。他从陕西师范大学毕业后,在上海青浦一所中学当了半年的物理教师,微薄的薪资无法偿还他读大学时的借款,为了改善经济状况,他想到深圳打拼。

在火车上,他脑海里浮现出电视剧《深圳人》的画面,有商务白领出入高档写字楼的场景,还有热火朝天的建筑工地,他想:"那里必定是一派生机勃勃的景象!"

夜幕下的深圳,华灯初上,潮湿而闷热的空气让西北人刘超峰有点不适应,可他对次日要去人才市场面试求职充满期待,不由得加快了脚步,显示出特有的自信和干练。从这一天开始,他不知不觉就把自己的人生与这座年轻城市紧紧捆绑在了一起。

"刚到深圳,我曾在一家台资变频器厂家的生产线上拧过螺丝,也曾到通信公司做销售员。开始做销售员的头两年,由于缺乏经验和人脉,销售业绩很惨淡,甚至沦落到一个月就着白开水啃馒头的地步。"刘超峰回忆道,"可我喜欢做销售这份工作,因为如果销售做好了,会有较多的提成,我就有钱还债了。"

2003年春天,刘超峰入职深圳迈威电子器材有限公司,他凭着勤奋、踏实、愿意吃苦的精神,不到一年就成为公司业绩第一的销售员,不仅还清了债务,还买了商品房。2005年,他当上了公司的营销总监,生活开始变得顺风顺水。

| 在通信领域多次创业尝甜头

"有'手机教父'之称的宫正军先生,是我人生路上的贵人,我给他做副手的3年里,他塑造了我的商业思维,教会我如何整合资源完善产业链。"刘超峰感激地说。也正是因为在通信领域摸爬滚打多年,刘超峰看到了通信行业是一个非常有潜力的领域,除了可以做代理销售各种硬件产品,还可以做内容服务和运营,于是他毅然决然走上自主创业的道路。

2009年,刘超峰创办了深圳市睿网星语通信技术有限公司,主营通信模块的开发与销售;2013年,创办了深圳市掌兴网络科技有限公司,从事游戏的开发与运营;同年,创办了深圳市融智鑫通科技有限公司,主要经营通信电子元器件的贸易和销售。

他坦诚地说:"最初下海创业,其实做的都是'短平快'的贸易型业务,比如把游戏卖给电信运营商,做内容运营;或者把高清机顶盒和内容捆绑销售,与广电运营商分成。经过几年创业,我经历了这些行业的波峰波谷,既锻炼了我的业务整合能力,也锻炼了我对风险的判断能力。当时为了实现财务自由，工作也是极为投入的。"

如果刘超峰继续沿着这条路做贸易，那么，未来也只是在财富上有所累积。可命运之神偏偏在这个时候向他敞开了另外一扇门，跟过去的纯贸易生意完全不一样的新生活展现在他的面前。

| 机缘巧合涉足跨境支付

2013年7月的一天，刘超峰突然接到中学同桌杨新芳的电话，约他商量事情。

"杨新芳是我们中学的学霸，她到北京读大学，之后就职于几家外资和外贸企业。由于工作中经常接触进出口业务，她感受到中国的出口在高速增长，而落后的跨境支付方式跟不上行业的发展需求，她还专程到欧洲学习考察了跨境支付技术，这次她跟我聊的就是想在跨境支付领域创业，她知道我有创业的经验，所以希望我们能组个创业团队。"刘超峰对杨新芳的想法很赞赏，因为随着数字贸易的迅猛发展，中国跨境电商也在快速崛起，跨境电商发展绕不开的关键环节之一就是跨境支付。由于海外各国的文化、市场规则、监管条例等运行体系不同，搭建一个能够完成跨国结算的交易平台，技术要求高，此前跨境支付平台大多为海外巨头垄断，如欧洲的Adyen、美国的Stripe、荷兰Ingenico、英国的Worldpay等。如今，在中国打造一个与这些海外巨头比肩的跨境支付平台，确实太有必要了。

2014年5月，深圳市钱海网络技术有限公司在前海注册成立，并创立全球数字支付品牌"Oceanpayment"。杨新芳全面负责技术研发和业务拓展，刘超峰专门负责资源整合。9月，Oceanpayment参加在东莞举办的行业知名跨境电商展会，吸引到一些知名跨境电商的眼球，并上门寻求合作。杨新芳带领核心团队仅用3个星期的时间就通过了审核严格的全球第三方支付机构最高级别的安全认证——PCI DSS Level 1，并在之后连续8年通过审核，获得"国家高新技术企业"认证。

"技术上取得突破后，就要获得标杆性客户的信任。"刘超峰把目光锁定在跨境电商行业的龙头企业，杨新芳带领技术团队演示了Oceanpayment跨境支付平台的功能，经过多次沟通和协作，这些龙头企业开始使用Oceanpayment作为新的跨境支付平台，之后更多的中小型跨境电商纷纷选择使用Oceanpayment。

| 深谙"慢即是快"的道理

当Oceanpayment的业务如火如荼开展的时候，嗅觉敏锐的投资机构也闻讯而动，刘超峰开始频繁接触投资机构。与投资机构打交道过程中，刘超峰学习到了如何用资本的眼光看待Oceanpayment的价值。

2014年10月，他接触到上海一家基金公司，当时刘超峰开价是公司估值5000万元，没想到该基金负责人说："公司估值7500万元，我们想占20%的股份。"刘超峰很纳闷，问他为何不砍价，还给出更高的估值。对方说："投资给优秀项目，要投入一定的资金，要让企业更快地发展，在规定时间企业能达到一个新的高度，所以对我们来说，企业估值并不是越低越好，应该说是在一个合理位置就是最好。"

随着投资机构络绎不绝地来洽谈，到2014年底，Oceanpayment估值从5000万元，到7500万元，一直飙升至了2.5亿元，刘超峰都按兵不动，并没有按最高估值来引入投资机构，直到他遇到了基石资本的张维。

刘超峰说："基石资本看好我们创始团队和所选赛道，给企业估值是1.5亿元，并且告诉我第一轮融资估值不能太高，原因是如果处于资本市场泡沫多的时候，企业估值太高，到第二轮融资的时候压力会很大，我也明白留点余地对企业未来发展是有好处的。最重要的是，我对张维董事长的观点很赞赏，他告诉我，他的人生价值是帮助一个又一个被投企业走向成功，所以我愿意跟他携手同行，事实证明我的选择是对的。"

2015年5月，基石资本给Oceanpayment注资2200万元，让Oceanpayment高估值完成Pre-A轮融资。此后，刘超峰和杨新芳带领Oceanpayment开始在跨境支付领域精耕细作。Oceanpayment如今已成长为国际化的支付技术品牌，取得了这一行业不同海外市场的所有资质，包括全球六大国际卡组织的认证服务商或收单机构资质、苹果和安卓两大基础平台的PSPs认证；同时也是阿里国际、微信国际的海外机构合作商。

"在企业发展的过程中，我们深谙'慢即是快'的道理，不追求短期利益，只为真正满足市场需求和消费体验。过去，我们只做货物贸易的跨境支付业务，后来逐渐做服务贸易的数字支付业务，而针对游戏、旅游、版权和航空等领域的每一类服务贸易，需要严把风险关。基于过去的几次创业经验，我对不同行业的风险点把控有独到的见解，因此我们团队花费大量时间用心沉淀，深度应用AI+大数据提升场景化的风控建模能力，在保证消费体验的同时，最大限度抵御交易风险提高收益。同时，不断培养人才，积极引进全球的技术和管理专家，提高公司整体实力，这是我们公司能稳扎稳打成长起来的主要原因。"刘超峰总结道。

团队大合影

要成为一家伟大的公司

近年,我国跨境电商行业发展迅猛,2020 年开始遭遇美国亚马逊展开的最严封号潮,以此为信号,跨境电商行业迎来转型升级的趋势。当跨境电商平台的政策逐渐收紧,卖家们的销售增长遇到瓶颈时,独立站作为一个新的销售渠道开始广受关注。作为出海品牌自有的渠道,独立站不仅可以作为一个销售渠道,让品牌产品触达更多的消费者,还可以作为品牌营销宣传阵地,为品牌积累粉丝数据,提高网站的留存和转化,同时降低出海企业海外运营的平台风险。

然而,目前国内大多数商户并没有独立做独立站的经验,从平台到独立站,要面临网站搭建、跨境支付、广告推广、物流运输、团队建设等各种挑战。

面对国内数量众多的商户建设独立站的旺盛需求,Oceanpayment 义不容辞冲在了第一线。刘超峰说："Oceanpayment 对国内商户建设独立站提供跨境支付服务，根据海外当地的监管政策，帮助商家理解当地规则，提高商户的收益，本地化和定制化服务是我们争取市场的巨大优势，自身也获得了高速增长。2018 年全年新增客户只有近百个，而 2019 年开始每个月新增客户两三百个，2022 年营收超过 1 亿元。"如今，Oceanpayment 陆续与 Visa、MasterCard、UnionPay、First Data、Klarna、WeChat Pay、Alipay 等近百家金融机构保持长期合作或战略关系；系统平台接入近 500 种支付产品，覆盖用户交易每月数十亿美元，平台交易每月数亿美元；服务商户数百家、网站数十万个，其中包括万兴科技、Joyy（欢聚集团）、虎牙直播等软件和游戏的出海公司，同时，Oceanpayment 还与 TCL 集团、安克创新、国泰航空、影石创新等达成全球跨境收单协议。

刘超峰并不满足于此，他的心里还有更大的一盘棋。Statista（位于德国的一家数据统计公司）数据显示，2021 年，全球零售电子商务销售额约为 5.2 万亿美元，电子商务占全球零售额的近 19%。到 2026 年全球零售电子商务销售额将高达约 8.1 万亿美元，在线部分将占全球零售总额的近四分之一。

"这是一个非常大的市场，天花板很高，伴随着越来越多的中国产品走向全球，我们也将跨境支付服务推向了全球。我们要做的事情是耐得住性子，通过长时间提供稳定的高质量的支付服务，逐渐蚕食洋品牌的市场份额。"刘超峰介绍道，2018 年 10 月，国泰航空公司需要为一个新的商业场景提供支付平台，而欧洲的一家支付巨头企业提出要几个月时间才能完成，Oceanpayment 只用了一个月就给出了全套解决方案，最终赢得了这个客户。像这样的故事，还发生在香港新九龙商圈、香港机场免税店。像全球五大免税店巨头 Dufry（瑞士杜福睿公司）、CDF（中免集团）、

SHILLA（韩国新罗集团）、Heinemann（德国海内曼集团）和DFS（香港环球免税集团）等多个项目中，Oceanpayment的影响力和市场占有率越来越大。如今，来自海外的客户占Oceanpayment客户比例达三成以上，国内客户增长速度则更为迅猛。

2022年初，著名经济学家、北京大学汇丰商学院创院院长海闻教授到Oceanpayment参观，了解到Oceanpayment是一家技术驱动型企业，在数字化、智能化方面拥有得天独厚的条件，他鼓励Oceanpayment坚持长期主义，充分发挥技术创新和服务领先的能力，通过广纳贤才和智能化技术提供精细化服务，打造国际领先型企业。

"我的目标是要带领Oceanpayment成长为一家伟大的公司，为成千上万家中国企业走向海外提供更安全快捷的数字化支付服务。"刘超峰说，"要成为一家伟大的公司，就不能把公司上市当作企业的发展目标，上市只是阶段性的需求或者说里程碑事件，只是为我们成为全球性的中国品牌而提供支撑。"

刘超峰的习惯仍然保持着每天早上7点到公司，下班回到家经常到深夜11点，这是他用行动对座右铭"天道酬勤"的最好注解。而他的内心，经过多次创业，已经完成了从最初单纯追逐财富到追求伟大事业的重大转变。

"深厚的研发经验积累和完全自主可控的核心技术体现我们产品的核心竞争力,亦是皇虎测试产品立足市场的基石。"

赖俊生,皇虎测试科技(深圳)有限公司创始人。

2021年,皇虎测试科技(深圳)有限公司斩获第十三届中国深圳创新创业大赛先进制造行业决赛企业组优秀奖。

赖俊生：
让国产内存测试设备走向世界

2023年2月初，皇虎测试科技（深圳）有限公司（简称"皇虎测试"）的创始人、董事长赖俊生指着一台刚刚自主研制成功的新一代DDR5内存测试设备KT-5MA说："2020年下半年，我们在深圳开始了新一轮的创业，瞄准打造内存测试设备国产第一品牌的目标迈进。每一天都感觉有太多的事情要做，时间根本不够用，大年初一都在跟研发团队一起紧密工作。"就在两个月前，皇虎测试被深圳南山区工业和信息化局评为"创新型中小企业"，这是继获得"国家高新技术企业"称号之后的又一项荣誉。

| 用专利技术让垃圾变黄金

赖俊生是一位典型的技术型创业者。1987年，他从加拿大西安大略大学本科毕业就开始创业，虽然经历了30多年的商海磨砺，但他还是一身浓浓的书卷气。

"我出生在20世纪60年代的香港，1981年到加拿大留学，大学毕业的那一年，全球经济环境不好，申请加拿大工作签证变得非常困难，'创业'成了留在加拿大的唯一捷径。"赖俊生说，"当时借助香港作为全球电子零件集散中心的便利条件，我在多伦多创办了Concord Idea公司，开始做电子零件的往来贸易。"

他继续介绍："CPU与电脑动态内存（DRAM）是所有有运算能力电子产品的核心部件，当时Concord Idea的业务中一大部分是做内存相关的贸易。在20世纪90年代电脑DIY的热潮时期，公司起步发展比较顺利。之后没多久美国打压日本，由于当时日本是全球DRAM的主要生产国，因此造成全球范围内的DRAM严重短缺，价格在两年间从每颗一美元多一路狂飙至接近二十美元。"

"DRAM短缺对市场是'危'，但我看到的却是'机'。"赖俊生说，"20世纪90年代生产DRAM的良品率平均在80%左右，日本人对质量控制十分严苛，生产线筛选出来的不良芯片一律砸掉报废。在我看来，这是一个非常惊人的浪费，若能充分善用，会是'无限商机'。"

赖俊生本科读的是电子工程，兼修计算机科学双学位，毕业论文研究的是"传输数据实时修复芯片（ECC ASIC）"，他认为这项技术可以有效修复部分由于个别单元缺陷而被整体报废的DRAM芯片。于是，赖俊生在1993年亲自研发出第一颗将三片有问题内存芯片拼成两片功能完好芯片的on DIMM ECC ASIC，还拿到相关专利。赖俊生带着这项专利技术直接约见了当时全球最大的DRAM生产商NEC（日本电气公司），在NEC日本总部现场演示"将垃圾变黄金"的技术。经过日本厂商的各项检验认证及长期稳定性测试，最终得到品质认可，确认这项修复技术是可靠的，可以将大量DRAM残次品变废为宝。自此，NEC将生产线筛下来的DRAM次品正式交由Concord Idea进行处理。之后这个模式继续拓展到其他多家日本DRAM厂商，并一直运营到日本供应商全部淡出DRAM生产为止。

赖俊生凭借这项专利技术从内存残次品中掘到了第一桶金。1994年，赖俊生带领团队进一步开发出"四芯片拼成两芯片"的专利技术，实现从"单位错误实时纠错"到"多位错误实时纠错"的技术演进，并逐步发展出一整套独特的测试技术。

在赖俊生的第一次创业高峰期，Concord Idea 被德勤会计师事务所 *Deloitte & Touche* 杂志评为"加拿大科技界拓展最快 50 强"，在 *Profit* 杂志评选的"加拿大增长最快的 100 家公司"中位列第 42 位，2004 年在拉斯维加斯网络展上获得"最佳网络设备大奖"，2008 年获得加拿大贸易委员会颁发的"杰出商界成就奖"。

| 二次创业进军内存测试设备再创佳绩

"正式成为多家日本 DRAM 内存生产商的二次筛选合作伙伴后，我们意识到要批量'从垃圾里挑黄金'的生产，对所使用的测试设备的要求远远高于正常生产的标准，因为交给我们筛选的都是用标准测试设备分不出来的芯片，而市场上也没有适合的内存测试机器，Concord Idea 的生产遇到了瓶颈。我只能一家一家跟测试设备供应商去沟通，希望能委托他们开发出我们需要的设备，可这条路根本走不通。"赖俊生回忆道，"后来，在美国得克萨斯州我找到一家测试设备生产商，购买了一批他们的设备，然后自己动手来改造。由于我们是站在用户的立场，从应用端需求出发对设备进行打磨和优化，所以经 Concord Idea 改良后的测试设备不论在功能、性价比、用户体验等方面都表现十分优越，于是反向推荐给内存生产厂家，这些厂家开始向我购买内存测试设备。2000 年，我们加拿大公司向日本出售了第一台内存测试设备。2002 年我收购了原来为我们提供原型设备的美国得克萨斯州测试设备公司，并改名为 KING TIGER，开启了二次创业，转型成为测试设备制造商，专门研制内存测试设备供应全球市场。"

2002 年，在日本客户的安排下，日本爱德万（Advantest）成为加拿大 KING TIGER 在日本的设备代理商，赖俊生认为这对于 KING TIGER 的发展具有十分重要的意义。Advantest 作为全球电子零件测试设备行业中的第一大品牌，得到其认可和背书，对赖俊生创办的新品牌 KING TIGER 显然是巨大利好，随后，包括韩国三星、海力士等知名 DRAM 生产商都成了 KING TIGER 测试设备的客户。

有了良好的开端后，赖俊生又积极拓展市场："2006 年以后我们自己开始做品牌推广，其中有几个很漂亮的代表作，比如，2006 年以后我们为 Intel（英特尔）打造了全球独家的全缓冲内存模组（Fully Buffered DIMM）测试仪；2008 年成为 IBM 超级计算机 Super Nova 专用内存 Super Nova DIMM 的指定专用测试设备；在海力士（Hynix）和尔必达（Elpida）成为早期 Mac Air 内存的专用测试设备……虽然 KING TIGER 测试设备的独特性能为我们赢得很好的声誉，但由于 DRAM 原厂原有测试设备的巨大历史包袱，设备替换门槛非常高，KING TIGER 进场太晚，在国外成熟市场始终无法成为主流内存测试设备供应商。"KING TIGER 虽然略有成就，但优越的技术无法成为市场主流，这是赖俊生心里的一个结。

| 瞄准国内巨大市场归国创业

内存是一切有运算能力的电子产品的命脉，整机产品的质量更是建立在内存系统的可靠性之上。中国对内存的消耗量占据全球的半壁江山。2019 年之前，我国真正意义上的国产动态内存一颗也没有，国家正以空前的支持力度推动内存国产化。动态内存是所有电子零部件中最难设计、最难生产的，而内存测试更是难中之难。

赖俊生看到内存国产化浪潮里的巨大商机，也积极寻找回国创业的契机。从 1987 年起步创业，赖俊生从内存容错修复技术起步，到研制内存测试设备，核心技术全部自主掌控，KING TIGER 集团的全球员工华人占比 90% 以上，或许是世界上唯一掌握全套内存测试核心技术的华人团队。这样一支特殊的技术队伍，在 2020 年迎来了第三次创业机会。

赖俊生响应祖国的号召，在深圳南山区高新园创办了皇虎测试，协助祖国建立及掌握自主可控的内存测试技术，目标是在 5 年内打造国内最大的高端 DRAM 测试装备研发中心、制造中心和测试服务中心。

2020 年秋天开始，皇虎测试在深圳组建一流的科研团队。研发人员毕业于清华大学、北京大学、多伦多大学、布拉德福德大学、麦克马斯特大学等著名院校，团队资深成员拥有累计超过 500 年的 DRAM 内存测试设备研发经验。

皇虎测试在深圳高新园里快速起步，深圳的产业配套环境非常优越，政府对创新企业支持力度很大，这为这家初创企业的发展提供了助力。

团队大合照

用独家技术俘获众多企业芳心

遵循"先站稳脚跟、后求发展"的稳健发展思路,皇虎测试成立后,首先引进加拿大 KING TIGER 的成熟测试设备开展内存测试业务,第一年就有 400 多万元的营业收入,在财务上实现自给自足。第二年重点着手内存测试设备国产化,打造中国自主可控的内存测试设备,2021 年销售 2000 多万元,2022 年销售超过 5000 万元,其中 80% 是国产测试设备销售收入。

皇虎测试为何能迅速打开市场呢?技术出身的赖俊生用专业术语介绍,自 2002 年多核 CPU 问世以来,单一的逻辑测试方法(automatic testing equipment,简称 ATE)已经不能满足内存的测试需求,需要另外再加一道系统级测试(system-level testing,简称 SLT)对系统兼容性进行检测。皇虎测试拥有一步到位的 ATE/SLT 双模式的专利测试技术,同一设备上可同时满足 ATE 与 SLT 测试需求,能大幅提升测试效率。

皇虎测试还为客户提供"量身定制"的 SLT 检测设备,专机专用,精确解决客户在内存应用上的痛点,为市场提供解决内存兼容性问题的"治本之道",持续提升客户的产品质量。

此外,皇虎测试还发现一个非常严重的现象——国内市场上的内存普遍存在"老化不足"的情况。电子产品包括电脑、智能手机普遍在上线使用后 3 至 6 个月就是返修的高峰期,其中一个主要原因是内存在上线初期,存在 3 至 6 个月的轻微老化期,内存因老化而导致性能衰变,甚至退化至失效。其特征表现为系统卡顿、响应缓慢、锁屏、死机等。老化现象自从电子产品面世以来就存在,并不是什么新问题,但随着电子产品智能化的发展,智能设备参与人类生活的深度和广度不断扩大,例如智能电动车、大数据、网上金融等,对系统的稳定性和可靠性的要求变得越来越高,对"出错"越来越趋向零容忍，因此内存质量的要求也提升到更高的层次，产品在整个应用生命周期中必须是百分百可靠，其中内存在出厂前、产品组装前必须经过老化，而且是"完全老化"。

皇虎测试从过去 30 多年筛选次品 DRAM 循环利用的独有经验中，发展出一套"内存加速老化"的专利技术，针对市场对"更可靠、更高质量、完全老化"的刚性需求，提供一套符合市场需求的"加速完全老化"方案，为 DRAM 在质量上增加一个"完全老化"等级，满足最高端需求。

值得一提的是，皇虎测试在售后提供内存容错的 IMS 在线保护软件，好比给内存打了"疫苗"，提供终生的持续在线保护，增强内存在老化测试中的整体能力，降低内存故障概率，提高内存的稳定性和可靠性。

"皇虎测试自主研发的产品得到了三星、苹果、海力士、英特尔、AMD（美国一家半导体公司）、合肥长鑫存储、浪潮、华为、中科曙光、深信服等国内外客户的一致好评。深厚的研发经验积累和完全自主可控的核心技术体现我们产品的核心竞争力，亦是皇虎测试产品立足市场的基石。"赖俊生的语气里透出自信。

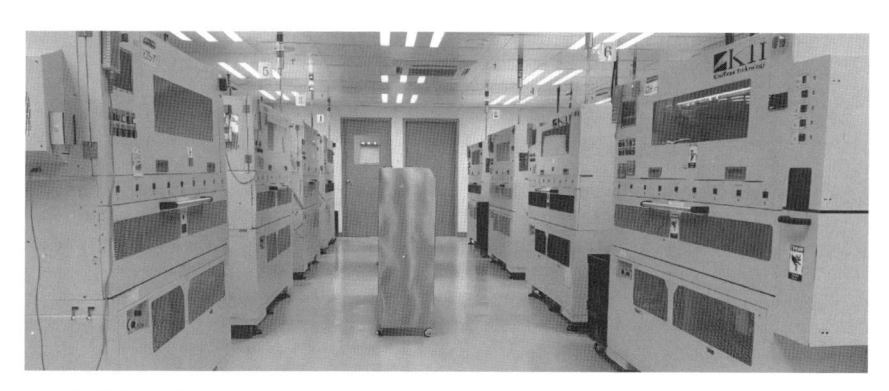

皇虎测试的内存测试设备

只争朝夕瞄准行业龙头进发

皇虎测试成立不久,就开始为业界提供一套完整的内存质量控制方案,包括专用测试仪测试、加速老化、整装拷机,以至在售后提供内存容错的 IMS 在线保护软件。不论是研发推进,还是商业拓展,赖俊生都做得有条不紊。

2022 年夏天,由高新投领投,皇虎测试完成了 A 轮 1.3 亿元的融资。赖俊生介绍:"我对自己的技术非常有信心,综合技术处于世界领先水平,可我们属于后起之秀,主要竞争对手大多创立于 20 世纪 50 年代,占据了先发优势,在海外已牢牢占据了主流市场。国内的自主品牌内存产业刚刚起步,2019 年第一颗国产内存芯片诞生后,国产内存芯片将会逐步运用于国产的电子产品中。DRAM 供应端过去有三星、海力士等传统巨头,台湾的存储企业华邦及南亚科技和大陆的长鑫存储为技术追赶者。皇虎测试一直持续地研究高端 DRAM 内存测试和完全老化测试的流程和标准,期望为业界建立行业标准而贡献力量。我看到中国拥有最大的内存市场,长鑫存储发展迅猛,内存高速测试设备又是一片空白,这将产生千亿级的市场机会,只要皇虎测试自己不掉链子,完全有可能成长为国内内存测试设备最大品牌,这也是投资机构看好皇虎测试的原因。"

赖俊生拥有丰富的海外创业经验,深知良好的生态环境对企业未来发展至关重要。从商业模式上,赖俊生延续了 KING TIGER 在海外的成功经验,KING TIGER 曾把测试引擎成功做到英特尔的 CPU 里面,如今皇虎测试也要把测试引擎做到国产 CPU 里面,当国产电子产品都有了测试引擎,就具有测试能力,而且通过皇虎测试免费提供 IMS 在线保护软件,用户可以自己维修内存,对内存生产商来说是巨大的利好。

在一个阳光洒满窗前的午后，赖俊生坐在办公桌前总结自己的创业历程，他语调平缓却充满力量："过去 30 多年，我都是在做同一件事情，就是做 DRAM 测试技术的研发。在海外我创办的 KING TIGER 不能成为主流的测试设备供应商，那是因为我比行业巨头晚起步几十年。而今我在花甲之年走在第三次创业征途上，祖国复兴，强国有我，相信我的梦想可以在祖国大地上实现，皇虎测试要成为中国内存测试设备的领头羊，还要以深圳为基地，将自主研发的内存测试设备推广到全球市场。"

"我后来进入新材料产业,实际上是要做有根的事业,自主掌握核心技术的企业的生命力才会更持久。"

喻东旭,深圳市华科创智技术有限公司创始人。

2019年,深圳市华科创智技术有限公司获得第十一届中国深圳创新创业大赛新材料企业组决赛三等奖。

喻东旭：

成为纳米银材料产业链的耀眼新星

2022年12月底，深圳市华科创智技术有限公司（简称"华科创智"）接到来自欧洲客户GHM的3000台电容屏会议一体机的订单，2022年全年销售额超过3亿元人民币，比上年翻一倍多。

华科创智董事长喻东旭自信地说："我们不仅收获了来自联想、海信等龙头企业的订单，而且由于2021年加大海外市场拓展力度，去年海外销售占比大约50%，如果按这个速度挺进，2023年企业销售额超过8亿元不成问题。"

借助全球5G产业和电容屏产业爆发的东风，华科创智在广东、江苏、山东拥有三大生产制造基地，实现从纳米银墨水研发、合成、涂布、大规模工程应用到智慧终端的全产业链布局，成为纳米银材料产业里一颗冉冉升起的新星。

华科创智深圳总部　　江苏华科创智（2018年成立）

两次创业积累宝贵的经验

华科创智之所以能厚积薄发，与喻东旭前两次创业积累的宝贵经验密不可分。他坦率地说："我第一次创业非常顺利，现金分红不少，已经实现了财务自由，第二次创业惨败。回顾前两次创业，我积累了宝贵的经验和教训，为第三次创业打下了坚实的基础。"

喻东旭曾经在联想手机事业部担任常务副总，之后到比亚迪担任了4年高管，主要负责手机整机代工业务，参与了摩托罗拉、比亚迪、华为、三星等大品牌手机的代工订单的执行，积累了生产制造型企业的经营管理经验。2012年，离开比亚迪的喻东旭开始第一次创业，作为联合创始人参与了东莞兆盟实业有限公司的创办，主要从事手机零部件生产销售，当时客户包括OPPO、vivo等知名手机厂商，企业盈利能力很好。

2014年，喻东旭与两名好友联手收购了深圳南山区的华英智联公司，这是一家智能硬件方案设计公司。喻东旭本想继续在自己所熟悉的手机产业里再分一杯羹，没想到华英智联原核心成员离开了公司后另起炉灶，造成华英智联的发展出现了不少棘手问题。

回顾前两次的创业经历，喻东旭总结道："从这两次创业中，我吸取了不少教训，第一条就是核心人员与企业利益要深度捆绑，不能让核心人员离职后带走企业的资源；第二条就是要做更尖端的技术研发。我们做手机零部件和方案设计都是属于没有根的业务，是出于抓住手机产业链大爆发机遇赚一笔的想法，而我后来进入新材料产业，实际上是要做有根的事业，自主掌握核心技术的企业的生命力才会更持久。"

虽然他还在从事手机方面的业务，但他深知这是投资巨大、劳动密集型的产业，所以一直在寻觅新的机会希望切入新的领域。而2014年秋天，喻东旭遇到了香港科技大学著名材料专家温维佳教授，温教授是国际巨电流变液发明的第一人，其研究成果在全球范围享有美誉。这次与温教授结缘，为喻东旭走上第三次创业道路打开了一扇大门。

｜结缘港科大教授携手创业

在香港科技大学实验室里，温维佳教授对喻东旭展示了银纳米线透明导电薄膜这项最新成果："随着科技的发展，大尺寸触摸屏和柔性屏的市场空间巨大，但是它们的触控材料必须具有低阻值和柔性。传统ITO（氧化铟锡）材料，作为触控产品导电层的主要选择已有30年历史。然而，ITO中铟金属是自然界中存储量最低的稀有金属之一，存在工艺复杂、成本高和废弃物难以回收等问题，而且其材料特性阻值高，脆性易断。这也促使科研人员急需开发新材料来替代传统ITO，替代材料技术路线包括金属网格、纳米银线、纳米碳管和石墨烯等。目前能够实际量产投入产业化应用的只有金属网格和纳米银线两条路线。现阶段金属网格技术工艺较复杂，良率低。那么，纳米银线技术无论在工艺成熟度、成本、可弯折性等方面都更具优势。"

喻东旭对温教授得出的结论很赞成："纳米银线优异的可弯曲性是未来曲面、可折叠、可穿戴等智能终端唯一的解决方案。"他随后深度调研了日本、美国、韩国等纳米银材料技术产业化情况，发现当时发达国家也没有很成熟的纳米银材料企业，极少数的纳米银材料企业最终还是把产品卖到中国，因为中国的电子信息产业体量对纳米银材料的需求最大。

喻东旭认为，如果能用纳米银材料技术替代传统ITO，加上国内有电子信息产业链的巨大优势，那么做出一家世界级的纳米银材料企业是极有可能的。他向温教授承诺，只要温教授能解决纳米银材料技术上的难题，他就负责纳米银材料技术应用落地的事宜，于是二人一拍即合，携手于2014年9月成立深圳市华科创智技术有限公司，开始着手推进纳米银材料产业化。

最初，研发团队在南山区200多平方米的实验室里起步，花了较漫长的时间去摸索银纳米线的合成生产和涂布工艺。温维佳教授派曾西平博士等团队成员花了很多时间在深圳实验室工作，银纳米线合成制备的量从50毫升到1升，再到3升、5升，这样一步一步放大，要做无数次试验，确保新材料性能的稳定。

眼看技术逐渐走向成熟，喻东旭带领华科创智于2016年初迁址于龙岗区宝龙工业区进行扩产。有过两次创业经历的喻东旭，最擅长整合资源，他需要为产业化匹配更大的生产制备能力、更充足的资金投入、更强大的市场销售能力，于是，他带领团队在最短时间内夯实了产业化基础。

| 从研制大尺寸电容屏产品入手

喻东旭最初计划把纳米银材料技术应用于手机产业中的小尺寸电容屏上，后来根据华科创智产品的特性和当时市场的需求，他大胆地将纳米银材料运用于大尺寸电容屏，这个市场策略一下子为华科创智博得头彩。

"我们最初在龙岗建立了占地面积14000平方米具有一定规模的大尺寸电容屏生产基地，华科创智是国际上第一家量产86英寸电容触控模组的公司。当我们的大尺寸电容屏推出之后，吸引到视源股份、鸿合科技等行业头部企业的目光，他们把大尺寸电容屏、智慧黑板等大订单下给我们，2018年华科创智就获得超过1亿元的订单。"喻东旭回忆道。

从研制新材料到模组部件的销售，华科创智只用了4年时间，而且实现了规模化生产，成为名副其实的大尺寸电容屏龙头。这给喻东旭带来极大的信心，但他也在为未来如何扩大纳米银材料的市场份额而早早谋划。

他分析道，早期华科创智只有两类产品，一是材料，二是零部件。但在开拓市场中出现一个现实的问题：华科创智当时没有做整机，在终端产品出现质量问题的时候，用户会片面地追责到材料供应端，即便不是材料的问题，由于匹配性没有经过长时间验证，材料商有口说不清，还要承担不合理的赔偿。于是，华科创智决定自己上马做整机，不仅可以证明自己的材料性能良好，还能带来充足的现金流，因为终端产品的销售金额远远大过材料和零部件。

2020年初，华科创智调整了战略规划，形成材料、部件、代工、整机四位一体战略布局。材料端，紧紧围绕纳米银材料核心技术，继续保持纳米银材料合成技术全球领先；部件端，继续稳固大尺寸电容屏龙头地位，并发力柔性折叠触控模组业务，卡位5G柔性触控风口；代工端，围绕规模现代化的生产制造基地，打造触控领域全球最大的OTM[1]工厂；整机端，继续加大智慧终端产品研发，加大深沃紫（SURWISE）品牌推广力度，致力打造一个具有中国文化特色的智慧品牌。喻东旭深知，要让下游用户对自己研制的纳米银材料放心，那就只有自己把整机端做出来，证明自己的材料性能稳定，那么未来就不愁纳米银材料的销路了。

---

[1] OTM, original technology manufacturer, 即掌握材料或产业链生产制造环节的某一种核心技术的代工模式，形成新材料产业链中技术、市场、资本的有机循环，激发产业活力。

感恩慧眼识珠的投资商

鲜有人知的是，2019年，华科创智曾遭遇创业以来的最低谷。当时因为华科创智正在江苏设立新工厂，在工厂搬迁的过程中，一个零部件订单出现了质量问题，造成终端客户追责。这个事件被同行抓住不放，不仅放大负面消息，而且挖走了一些华科创智的销售和工程技术人员。更为严重的是，本来已经谈妥的投资机构也临时改变了主意，让喻东旭一时陷入危局。

2019年初，作为华科创智的A轮投资人，深创投派出一支调研团队，走访华科创智的大客户，并对订单涉及的材料进行验证，调查结果显示华科创智的材料没有质量问题，而且大客户们并没有取消与华科创智的合作。在这个结论下，深创投决定给华科创智追加投资，华科创智顺利完成1亿元的B+轮融资。

喻东旭说："2020年我们的销售业绩比2019年下降了20%，这说明企业发展确实受到了一定的影响。在事业低谷期，华科创智在2019年底完成1亿元C轮融资，由大湾区共同家园发展基金（简称'大湾区基金'）独家投资，为企业走向快速发展阶段奠定了基础。"

那么，为何大湾区基金会在华科创智销售收入有所下滑的情况下还大胆投资呢？原来大湾区基金是一支专门推动大湾区科创发展的基金，以科技创新、产业升级、大消费为主要投向，重点支持香港科学家的成果落地。为了了解华科创智源头技术的真实水平，大湾区基金派出团队到香港科技大学深入调研了温维佳教授的技术成果，也走访了华科创智的部分大客户，最终得出结论，华科创智是一家硬科技公司，以院士、博士、硕士为主的研发及技术人员占比高达40%，其自主研发的纳米银材料技术走在世界前列。

很快，1亿元融资到位后，华科创智主要用于纳米银材料基础技术研发、纳米银线电容屏开发、无色聚酰亚胺膜材开发、可折叠触控模组开发及自主智慧终端品牌 SURWISE 的推广，继续深入扩大纳米银材料产业链。

纳米银线电容屏具有透光率佳、触控灵敏、抗弯折等优点，正快速取代传统红外触控屏，迎来市场爆发期，华科创智在国内外的超大尺寸电容屏业务迅速推开。从 2021 年开始，华科创智成功把纳米银材料应用到中小尺寸市场领域，相比 ITO 材料容易脆裂，华科创智的纳米银材料可折绕、低阻抗，优势明显，生产成本低于 ITO 材料 30%，市场增长潜力巨大。华科创智后与联创电子、富士康、经纬辉开、北京迪文、长信德普特、安徽国显、联想等客户签订长期战略合作协议。

"新材料企业的发展模型不能单靠企业自身的原始积累，还需要不断吸引投资者进来，主要原因是材料产业的周期很长，需要经过小试、中试、客户验证等多个环节，只有志同道合的投资机构一起为企业发展助力，才能打造出一家优秀的新材料企业。"喻东旭中肯地说。

由于拥有多次融资的经历，喻东旭始终对融资保持着难得的平常心。即使处于困境中，他仍坚信只要把企业真正做好，总有人慧眼识珠，总有人前来投资。"我很感恩慧眼识珠的投资者，我会把企业扎扎实实经营好，带给投资者更多的回报。"喻东旭诚恳地说。

| 把纳米银电极材料引入钙钛矿产业

2022 年秋天，喻东旭和中国科学院物理研究所合作成立了钙钛矿光伏电池公司——华物光能，有力地推动钙钛矿太阳能电池的商业化应用。由此，纳米银材料进入了光伏发电新赛道。

近年来，随着低碳环保产业在全球兴起，清洁能源发展势头喜人。其中，第三代钙钛矿新型太阳能电池利用钙钛矿型的有机金属卤化物半导体作为吸光材料，通过光电效应或者光化学反应把光能转化成电能。相比晶体硅太阳能电池，钙钛矿新型太阳能电池制备工艺简单、成本更低、透光性更好、更加环保，最高转化率可达25.7%。

喻东旭对最新的光伏发电技术一直很关注，而纳米银电极材料与最新的光伏发电技术相结合，将产生巨大的应用市场。因为纳米银在钙钛矿太阳能电池模组中作为透明电极，利用其良好的透光性与导电性可有效协助产生载流子、提升光电转化率，在该模组中整体价值占比约达30%。另外，结合全涂布工艺，可大面积、低成本地制备钙钛矿太阳能电池柔性纳米银衬底，进一步提升钙钛矿太阳能电池的综合性能，未来可广泛应用于可穿戴设备、建筑内外墙、交通工具、便携式能源等领域。

江苏华科创智的涂布线

江苏华科创智的贴合机

山东华科创智的整机组装线

山东华科创智的自动激光蚀刻

喻东旭与温维佳教授有一个共同的梦想，就是用新材料技术报效祖国。"用中华之科学，开创智慧未来"是华科创智的愿景，这支团队用坚韧不拔的精神开拓了纳米银材料技术的应用市场和蓝海市场。随着粤港澳大湾区经济建设提速，新材料、人工智能、生物产业等战略性新兴产业将会迎来爆发式成长，华科创智已经加速驶入快车道，争取在未来全球纳米银材料市场版图上占领更多份额，让中国制造的新材料服务全球电子信息产业和清洁能源产业。

| 创 业 指 南 针 |

连续创业者的三个共同特质

创业本身是一件难度极大的事情，为生存而苦苦挣扎是常态，而且只有极少数的创业者能够获得成功。那么，连续创业者为何能坚持走在创业的道路上，他们身上有哪些共同的特质？

根据笔者观察和总结，连续创业者有三个共同特质：

一是为了做有意义的事情而创业，所以对创业拥有更坚定的信心。华科创智董事长喻东旭表示："我喜欢做有刚需的事情，做这样的事情对产业更有意义，创业过程也能带给我成就感，这是我坚持多次创业的根本动力。"新材料领域的创业者大多是九死一生，不论是突破技术难关，还是解决资金难题，都充满内忧外患，这是因为新材料产品的创新具有投入大、周期长、风险高的特点，没有长时间的持续投入，很难开发出稳定的产品。华科创智成立不到10年，却从零起步，做到年销售额几亿元，创业过程可谓艰苦卓绝。与喻东旭早期联手创业的股东选择中途离开，原因是他们对原创技术和新的商业模式并不了解，感觉风险太大，不能坚持。

"我能理解他们的选择，毕竟敢于投资硬科技的人是很稀少的，我个人看好纳米银材料的产业化前景，而且越做越有意思，从纳米银墨水到模组，再到终端产品，从大尺寸电容屏到小尺寸电容屏，再到钙钛矿光伏电池、电致变色玻璃等领域，这一路走来，原创技术的生命力彰显出来了，为产业带来了深度变革,开辟出万亿级的市场空间。如果单纯为钱而创业,在创业道路上根本走不远,因为企业成立多年也不分红,需要对技术持续滚动投入。"喻东旭说,"连续创业者要有更坚定的信心,对自己在做一件有意义的、可以改变产业的事情保持着信心,所以我并不觉得很苦,反而觉得很幸运,总有一些志同道合的人会理解我们,支持我们往前走。"

又如,皇虎测试创始人赖俊生决定到深圳第三次创业时,有人说他自找苦吃,在陌生的环境里,万一搞砸了怎么办。可他并没有因为将面临一些不确定性的困难而退缩,他对自己的技术很有信心,而且他知道在祖国需要的关头能挺身而出有多么重要,这既是企业发展的战略选择,也是自己作为爱国企业家的使命和担当。当有了这样的觉悟之后,所有的困难都将迎刃而解,赖俊生带领他的团队去实现一个愿景,那就是让国产内存测试设备走向世界。

二是拥有一支凝聚力强的团队,支持创业者更有底气地走在连续创业的道路上。赖俊生感触最深的是:"连续创业需要家人的支持,尤其需要建立一支好团队。"在他看来,一个人的能力很有限,团队凝聚力更重要,建立一支志同道合、优势互补的团队是创业成功的前提。正如司马光在《资治通鉴》里所写:"上之使下,犹心腹之运手足,根本之制支叶;下之事上,犹手足之卫心腹,支叶之庇本根。然后能上下相保而国家治安。"这恰恰描写了一支好团队的运转状态,团队中的领军者需要承担领军的职责,包括把握方向、组建队伍和调动团队积极性。领军者的能力不在于自己多么能干,也不在于比属下强多少,他的核心任务是知道自己需要什么样的人才,能够找到这些人,能够激发他们的工作热情,让他们彼此认可,相互配合,一起朝着共同的目标大步迈进。赖俊生本人是学技术出身,所做的事业都具有创新的特质,而在追求最新技术的道路上,他逐渐团结了一批跟自己志趣相投的员工。最令他自豪的是，在他带领的研发团队里面，以 DRAM 内存测试作为"终生事业"的有 20 多位，其中，有 10 位研发人员拥有超过 30 年研发经验，有 14 位研发人员拥有超过 20 年研发经验。

三是善于妥协，敢于吃亏，拥有更大的包容心。比如，Oceanpayment 创始人刘超峰和杨新芳是同学，在企业经营过程中，他们之间配合默契度很高，这也是公司能吸引到优秀投资机构基石资本青睐的重要原因。而刘超峰作为创办过多家企业的连续创业者，他所遵循的"妥协"法则，无疑是这家公司发展壮大的一个优秀基因。

Oceanpayment 还没有注册的时候，刘超峰的一位投行朋友说要给 Oceanpayment 做天使投资，投 300 万元占 10%，预留出 20% 做员工期权，剩下的股份刘超峰和杨新芳一人一半，公司的架构就这样搭建起来了。后来，这位朋友的投资款迟迟没有到位，公司起步所花的数百万元资金全部是刘超峰一人投入，刘超峰对搭档杨新芳说："如果公司做不起来，就算是我投资失败；如果公司做起来了，还是按我们之前的约定股份一人一半；如果获得了投资，我就拿回我前期的那部分投入。"

他的这番话，给了 Oceanpayment 起步的底气和豪气。当他遇到基石资本张维，虽然对方给企业的估值并不是最高的，可他觉得张维是一位真诚的投资者，他愿意接受基石资本的投资，并坦诚地说："我认识到投资并不是卖公司，喊个高价，做个一锤子买卖，除了给自己架上更高的指标、更重的担子之外，没有多大的意义。"

诚如刘超峰所言，妥协是谈判的最高境界，妥协也让他游刃有余。这位连续创业者，从多次的创业经历中悟出的一条重要的"商道"，那就是敢于吃亏，敢于妥协，把身段尽可能放低点，团结一切可以团结的力量，为企业的快速稳健发展服务。很多投资机构虽然接触过 Oceanpayment，暂时没有获得投资机会，但他们纷纷把自己的投资标的介绍给刘超峰，作为 Oceanpayment 的新客户资源，这恰恰是刘超峰善于妥协、善于整合资源的一个有力佐证。

喻东旭同样是一位善于妥协的创业者，2018 年 10 月曾有一家投资机构在签约后却没有按时间支付投资款，给华科创智运营带来一定的困难，如果按照合同条款，投资机构要支付上千万元的违约金，可喻东旭并没有这样做，反而选择了理解和让步，自己想办法很好地解决企业的资金瓶颈。

连续创业者的价值，不仅仅在于他们踩过多少坑、积累了多少经验、取得过多少商业上的成功，而且还在于他们的眼界和胸怀，经过多次创业的洗礼获得了历练和成长。这正是吸引投资机构眼光的一个最重要原因，也是他们走向成功的一个有利条件。

第五章 『双城故事』谱新曲

力争使祖国变得更加美好的人才是最爱国的。

——英格索尔

招彦焘，从香港九龙华仁书院中学毕业，留学美国，创办相达生物科技国际有限公司，在深圳光明设立中国区总部，在香港社区抗疫中做出杰出贡献，2022年获颁香港特区行政长官社区服务奖状，并入选"世界十大杰出青年"。

宋骜天，香港理工大学屋宇及设备工程系博士毕业，创办深圳理大科技产业有限公司，获得深圳市创业团队项目资助，实现了真空玻璃及真空玻璃装备的产业化，开启真空玻璃产业新时代。

徐涛，晶准生物医学（深圳）有限公司联合创始人，致力于液体活检技术的科研转化，把最先进的生物芯片和细胞分子检测技术应用到癌症精准医学领域。

刘明，香港科技大学智能自动驾驶技术中心主任，创办的深圳一清创新科技有限公司致力于打造安全、稳定的无人驾驶整车，入选"科创中国"全国百强。

他们都是善于利用香港与深圳双城优势进行创业的时代精英，成为粤港澳大湾区创业大军中的一支生力军。

爱国赤子心，"双城故事"谱新曲。

"我将继续用我的亲身经历，向国际社会介绍香港与深圳合作创新发展的巨大潜能和粤港澳大湾区的黄金机遇。"

招彦焘，相达生物科技国际有限公司创始人、董事长、首席执行官及核心技术开发者。

2022 年，招彦焘成功入选"世界十大杰出青年"。

招彦焘：
"双城"创业先锋入选"世界十大杰出青年"

2022年金秋，相达生物科技国际有限公司（简称"相达生物"）董事长招彦焘博士凭借其在生物科技领域的突出成就从众多竞争者中脱颖而出，成功入选"世界十大杰出青年"。招彦焘是中国香港的唯一代表，也是继2014年以来，首位入选"世界十大杰出青年"的中国香港代表。

招彦焘对此次获奖深感荣幸。他由衷地说："我从小立志成为科学家，相信科技发展可以帮助人类，为世界做贡献。我在香港和深圳两地创业，正是'双城'创业模式成就了我的梦想。我将继续用我的亲身经历，向国际社会介绍香港与深圳合作创新发展的巨大潜能和粤港澳大湾区的黄金机遇。"

| 在美国工作期间，初尝创新的乐趣

2000年，招彦焘从香港九龙华仁书院中学毕业后，赴美国升学，先在社区学院修读，再转到加州大学圣地亚哥分校生物工程学系就读本科。

"我父母是香港的中学文史教师，他们非常尊重我热爱科学的兴趣，所以我也能自主选择生物工程学专业。"招彦焘回忆道，"本科毕业后，我进入美国一家生物科技公司BMC担任项目经理，工作期间带领团队开发了全球首款获得美国食品药物管理局认证的利用唾液作为样本进行毒品测

试的创新技术和产品,这是我第一次品尝到研发一款创新产品的乐趣和价值。"

BMC 公司过去一直在销售通过尿液测试毒品的试纸产品,销售人员反馈说,尿液测毒的产品并不能完全杜绝取样过程作弊的现象,如果有一款产品能解决作弊问题,那就会有更多的市场机会。招彦焘成为新项目经理,负责带头研发用唾液作为样本进行毒品检测。对于招彦焘来说,参与从立项到研发,再到通过政府审批、生产和销售的全过程是一次巨大的锻炼,他曾一个多月守在车间,与工人同吃同住,直到产品实现批量出货。

他总结道:"在第一份工作中,我深刻地体会到,不管你有多聪明,如果不能做出 100 万份产品,那就不能帮助到很多人,因此产业化将是帮助更多人的必由之路。在这次产品研发过程中,我在思考一个问题,为什么不能把试纸条快速检测技术应用到更多的领域呢?于是我重新回到大学里,开始为期 6 年的研究深造。"

勤奋+灵感,攻克核心技术难题

在之前的工作中受到启发,招彦焘意识到快速检测技术领域内目前的挑战是检测结果不够精准。他在美国加州大学洛杉矶分校攻读生物工程博士期间,成功发明了突破性的样本制备专利技术以提升检测的精准度,能够针对待测样本目标分子含量低的问题,对待测样本进行高效浓缩和提纯,让样本中目标分子更易于被检测出来。

他想把这项专利技术进行产业化转化,于是 2012 年受邀到苏州参加一项创业大赛,进入最后一个环节时,主考官员向他提了一个非常关键的问题:"用您的技术检测奶粉中的三聚氰胺含量,大约需要 5 分钟,那么请问浓缩物样本提取的时间又是多久呢？"招彦燊回答说："8 小时。"这个答案显然不能令人满意，他马上意识到，对浓缩物样本提取的时间必须尽量缩短，这项技术才有可能成功推向市场。

于是，他又回到了加州大学洛杉矶分校继续做研究。两年后，这项专利技术才完全成熟，能够以低成本高效率的方式，快速从浓缩样本中提取目标测试物——包括核糖核酸、蛋白质、细菌、病毒等生物标记，以大幅提升科研和临床的检测、诊断效果。相达生物独有的样本浓缩技术，能在不需要电源、仪器、专业人员操作下将目标分析物浓缩 10—100 倍。另外，该技术还可以扩展应用到其他不同的检测平台上，具有广泛的技术应用拓展性，发展潜力巨大。

| 创业的主战场，从美国迁至中国香港

招彦燊一心想投身创业，在美国加州大学读博士期间，曾向美国政府多次申请创业基金。前三次，都被直接拒绝了。但他并不气馁，继续申请，直到 2015 年，第 7 次申请终于成功，获批美国政府支持的第一笔创业基金，得以进一步完善核心技术的研发。

2015 年，招彦燊在美国成立了相达生物科技公司，累计获得了包括美国政府及盖茨基金在内的 300 万美元的创业基金支持，他在美国拥有了自己的实验室，致力于传染病快速检测技术的研发。

招彦燊是一个非常善于听取专家意见和建议的年轻人，他的成长获得了不少业内顶级专家的指导。他在美国得到曾任 PerkinElmer（珀金埃尔默）首席科学官马善国（Daniel Marshak）的赏识和推荐，认识了香港中文大学化学病理学系主任卢煜明教授。卢教授研发的"无创性产前诊断"（NIPT）

技术，在 60 多个国家和地区得到广泛应用，在全球进行了 1000 余万次相关检测。当卢教授得知了招彦忞的专利技术，感觉非常兴奋，认为在液体活检领域，相达生物科技公司拥有全球首创可以根据核酸片段的大小来分离富集 DNA 的萃取技术，目标标记物回收率优于行业顶级产品高达数倍，是实现癌症早筛的必要条件，因此建议他做癌症早筛的新技术研发。

虽然招彦忞在国外学习和工作了 10 多年，但他内心一直心系祖国，希望能把专利技术带回香港产业化，通过将传染病检测和癌症早筛技术产业化造福家乡人。于是，经过慎重考虑，招彦忞于 2017 年将公司总部迁到香港，成立了相达生物科技国际有限公司。

香港研发团队合照

挑战国际"金标准",崭露头角

相达生物聚焦对癌症早筛的快速检测技术研发。2017年到2019年底,相达生物在中国香港、美国两地的研发进展很顺利,尤其是最新技术成果和液体活检国际"金标准"直接竞技取得全胜,在国际上一鸣惊人。

招彦忞说:"目前全世界液体活检公司在样本制备方面几乎都在使用同一种技术的产品,这个'金标准'无疑非常厉害,已经使用了30年也无人超越。但我认为,在液体活检这么创新的一个行业,30年都没有突破是不行的,目前癌症液体活检的挑战是由于样本中的癌细胞游离DNA数量非常少,很难被检测出来,所以液体活检在癌症检测和诊断领域的应用也受到了限制。这也是我们为什么选择从提升样本质量这个方向进行突破性创新。当时,我把相达生物做出的产品送到位于美国得克萨斯州最大的癌症中心——安德森癌症中心验证,证实能以比过去用30年使用的行业'金标准'提取高出数倍的多种癌症的关键生物标记物,这让通过一次抽血就能检测癌症的理想从不可能变得可能,证明了我们的技术处于世界领先水平。"

2019年底,招彦忞为了将该技术推向临床阶段,开始在香港寻找投资人,可当地几乎没人听得懂他的项目。为了找到合适的投资机构,他来到了深圳,而深圳的投资机构和政府部门,有不少人对他的技术表示出浓厚的兴趣,这让他感到兴奋,看到了希望。

如果没有2020年新冠疫情的暴发,相达生物会在癌症早筛的赛道上按计划挺进,疫情让相达生物的发展轨迹有了一个较大的改变。

"有一天,我突然接到北京大学一位教授的电话,他是国务院特聘专家,说看看能否用我们的技术做新冠病毒核酸检测。"招彦忞说,"我当时的困境是如果去做核酸检测技术研发,就要暂停癌症早筛项目的研发。可新冠疫情来势汹汹，我感觉自己有责任要去承担，因此先暂停了癌症早筛项目的研发，把公司的研发资源全部投入到研发新冠病毒核酸检测技术上。大约3个星期，我住在公司里连轴转，把香港公司的试验数据当晚传给美国团队，美国团队继续做试验。这样24小时不间断地做试验，终于把新冠病毒核酸提取技术研发成功了。之后，我们又去武汉金银潭医院做临床试验，证明我们的技术是可行的。"

在科学技术部、香港创新及科技局的研发资金支持下，招彦焘研发的核糖核酸提取技术比传统技术能多提取10倍的核糖核酸，从而令检测结果更为准确。此项技术获科学技术部颁发"重大技术"的认证，同时，作为亚洲唯一核糖核酸提取试剂产品，被美国食品药物管理局列入推荐使用名单。

| 布局深圳，为企业觅得制胜"法宝"

随着疫情在全球范围内不断扩散，洋品牌的核酸提取试剂要半年后才能供货，相达生物瞄准这个巨大的市场空当，开始紧锣密鼓地排兵布阵，首要任务是火速解决生产瓶颈的问题。深圳作为毗邻香港的城市，近年来对生命健康产业新技术十分重视，因此成为招彦焘的第一选择。

2020年8月，招彦焘在深圳光明区成立相达生物科技（深圳）有限公司，希望通过把自己的技术在深圳迅速实现产业化，为粤港澳大湾区的发展做出实际贡献。

"我们在深圳设立的公司和生产车间进展很顺利，很快突破了生产的瓶颈，到了2020年秋天，我找香港特区政府有关部门，咨询能否采购相达生物的产品，可香港医疗系统有严格的采购程序，回复说不能，我对此感到非常失望。"但招彦焘不是一个轻易放弃的人，当他打听到可以通过自建化验所，为香港特区政府提供检测服务，于是立即找到一家本地有资格的化验所，给其提供核酸提取试剂，再为香港市民提供核酸检测服务。

2020年11月，招彦焘和他的合作伙伴承接了香港第五间核酸检测中心，在香港养和医院采取"双轨"检测并取得良好效果。所谓"双轨"检测，就是在发现确诊人士并进行封区检测期间同时进行核酸检测以及快速抗原检测，确保在大型筛查时能迅速初步锁定阳性患者，更早采取有效隔离措施。这种检测模式随后被香港卫生署采纳并推广。

｜火速出击，全力支持香港社区抗疫

新冠疫情暴发初期，相达生物在招彦焘带领下，与化验所合作成为香港特区政府指定的新冠病毒检测机构，利用自家研发的产品，在多个社区开设社区检测中心、流动检测站等提供检测服务，被多家媒体喻为"香港新冠疫情救火队"，并通过前线检测吸取的经验向政府提供建议并获接纳，奠定了日后封区检测的既定流程。

2020年12月，香港九龙湾一个花园发生了新冠疫情，几千名居民需要迅速检测，尽快找出新冠确诊患者和无症状人士进行隔离。当时，九龙湾还没有设立新冠病毒检测机构，因此，招彦焘迅速联系香港卫生署，申请带队去九龙湾设立一个流动的新冠病毒采样点。招彦焘带领团队在该小区驻守两个星期，确保所有留下来的人员的核酸检测结果都呈阴性。

截至2021年2月，招彦焘团队与香港特区政府合作进行了新冠病毒快速检测临床试验，样本超过22000个，以证明快速抗原检测的有效性并促使能更广泛地应用。招彦焘作为检测界专家，一直向香港特区政府和公众大力推动使用快速抗原测试作为对抗新冠的重要工具。他的不懈努力终于取得成效，香港特区政府在第五波疫情期间，决定大量采用快速抗原测试，以达到"早发现、早隔离、早治疗"的目标。招彦焘由于在香港社区抗疫的杰出贡献，2022 年获颁香港特区行政长官社区服务奖状。

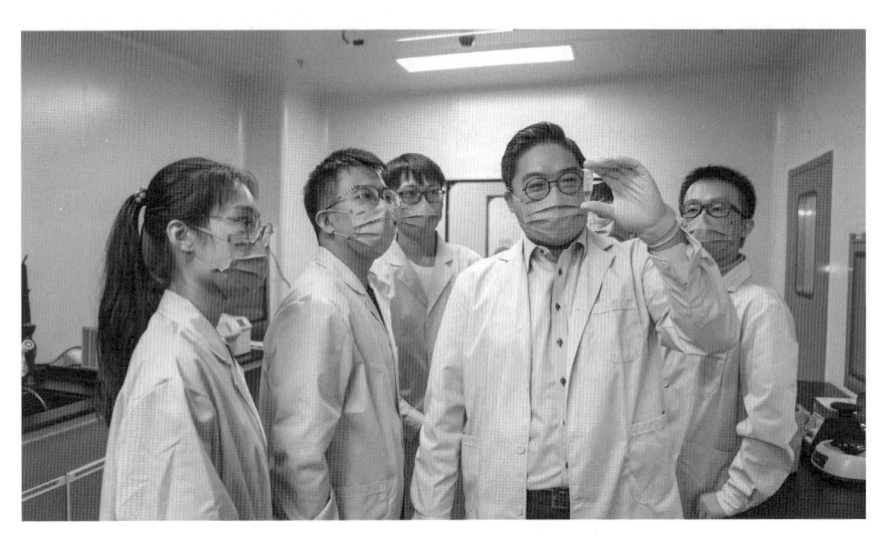

深圳研发团队合照

｜率先获得美国 FDA 紧急使用授权

2021 年 7 月 28 日，一个喜讯传来——相达生物研制的 INDICAID®（妥析®）新冠病毒快速抗原检测试剂盒成为大中华区第一款获得美国食品药物管理局（FDA）紧急使用授权的产品。

"该试剂盒无需额外特殊仪器，只需使用较为浅层的鼻拭子样本，在鼻孔内壁打五个圈，该操作也不会给用户带来不适和痛楚，然后滴入测试溶液，20分钟便可得到结果。普通人可以自己做，也可以针对医疗检测人员使用。"招彦焘介绍，"我们拥有独特的检测液，能够让医疗人员一次性收集大量样本，并保持样本质量，然后在两小时内完成所有样本检测。我们的试剂盒是全球首批实现这一功能的快速抗原检测产品之一。"

美国政府认为，定期筛查对于疫情下恢复社会和经济常态至关重要，于是美国各地开始大批采购快速抗原检测产品，这给相达生物带来了巨大的商机。由于相达生物已经提前在深圳布局了生产基地，产能可以迅速扩大，因此能确保对全球市场的响应速度是最快的。相达生物已经开发了全系列的新冠病毒检测产品，支持30多个国家抗击疫情。

"2022年国庆节后，我刚接到一个超大的订单，为美国纽约州连续供应15个月的快速抗原检测产品，每月采购量可达1000万份。"招彦焘自豪地说，"我们之所以能接到如此大的订单，是因为我们有深圳公司作为生产基地。两年来，深圳市和光明区政府对相达生物支持很大，2022年春节后，深圳曾因为疫情全市按下暂停键，但在光明区政府各个部门的协调和帮助下，安排我们公司闭环管理，才保障了我们生产不间断。如今深圳基地的生产能力还在不断提升以满足全球市场的抗疫需求。"

2022年冬季的一个周末，招彦焘坐在相达生物总部窗前，语气坚定地说："相达生物的未来将重点发展国内市场，深圳公司作为中国区总部，我们将加大对深圳公司的投资力度，除致力于新冠病毒的各种检验工具和服务外，还积极开发癌症和各类传染病检测技术及服务，计划建立一个第三方检测中心，从采样到做样本处理，为患者提供全套解决方案，以提升大众健康水平。"

"对年轻人的支持与信任,愿意积极地向年轻人提供机遇,便是深圳这座城市最大的魅力之一。"

宋骜天,深圳理大科技产业有限公司创始人兼董事长。

2021年,深圳理大科技产业有限公司旗下全资子公司理大玻璃技术(深圳)有限责任公司荣获第十三届中国深圳创新创业大赛新材料行业决赛企业组优秀奖,被评为第十届中国创新创业大赛全国赛成长组优秀企业。

宋鹜天：

开启真空玻璃产业新时代

2023年春节刚过不久，深圳理大科技产业有限公司（简称"理大科技"）已经接到了5条真空玻璃生产线的订单。仅两个月内就完成了全年的销售任务，销售额是2022年的3倍。

玻璃是一个存在了上千年的行业，传统玻璃龙头企业大多属于上游玻璃原片的生产制造和深加工。在这样一个非常成熟的行业里，来自香港理工大学的"90后"宋鹜天博士又是如何闯出一片新天地的呢？

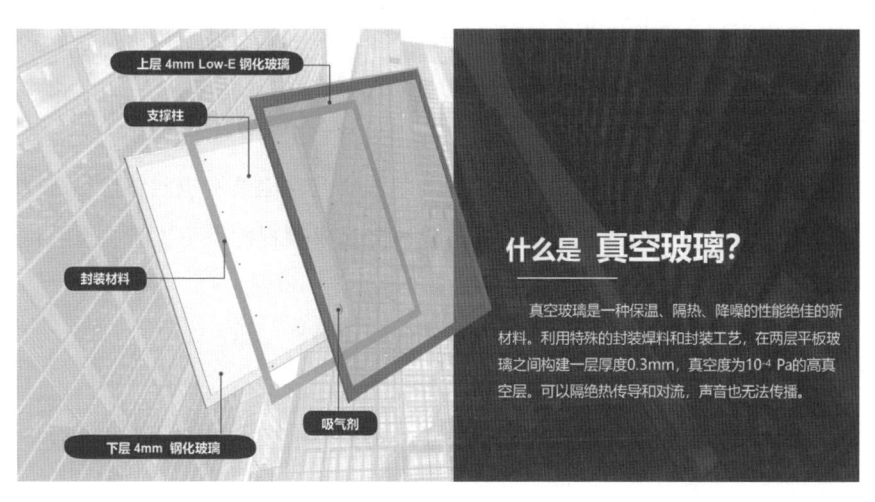

什么是 真空玻璃？

真空玻璃是一种保温、隔热、降噪的性能绝佳的新材料。利用特殊的封装焊料和封装工艺，在两层平板玻璃之间构建一层厚度0.3mm，真空度为10^{-4} Pa的高真空层，可以隔绝热传导和对流，声音也无法传播。

真空玻璃示意图

一场论坛激发了他创业的梦想

2015年4月13日,香港及珠三角地区创新科技产业高端论坛在香港举行。这是在国家倡导"大众创业、万众创新"的背景下,由中国工程院和香港工程科学院共同主办、香港理工大学承办的一场论坛活动。

宋鹜天当时是香港理工大学屋宇及设备工程系博士一年级的在读学生,作为会议志愿者,负责为论坛发言人提示发言时间。

来自深圳市科技创新委员会发言人的科技创新创业政策宣讲,引起了宋鹜天的浓厚兴趣,他甚至忘记了举牌提醒发言人超时。"我非常惊讶和动心。因为有了这些政策的支持,我们就可以把高校的许多科研成果转化为科技产品,有了深圳市政府对创新创业的大力支持,毕业后的职业规划就更为多元化!"时至今日宋鹜天仍对那场报告的内容记忆犹新。

在活动茶歇时,宋鹜天与这位科创委发言人交换名片后,提出了想到深圳创业的美好愿景。对方表示欢迎有梦想、有能力的年轻人到深圳创业。

其实刚到香港理工大学读博士的时候,宋鹜天就跟导师吕琳教授表达过学成后投身实业的强烈愿望,只是具体方向尚未明晰。

宋鹜天年少时跟随父母一起来到深圳生活,深圳浓厚的创新创业氛围深深影响着他。相较于在学校做单纯的学术研究,他更希望能够把科研成果转化为生产力。他的想法和选择不仅得到吕琳教授的大力支持,也获得了同门师兄汪远昊和彭晋卿的认同。

宋鹜天所在的香港理工大学建筑可再生能源实验室,主持了国际、国内一系列重大科研项目的课题攻关,并与中国建材、信义玻璃、中国南玻等一大批知名企业展开横向合作。大量数据研究证明,由于玻璃节能效果不佳导致的能源浪费,已经占到了社会总能耗的十分之一。从单片玻璃、镀膜玻璃、双层中空玻璃，甚至发展至三层中空玻璃，都是为了实现更好的隔热、保温、降噪效果。但不断增加玻璃厚度所导致的透光性减弱，使室内气温更低，重量的增加也直接导致了系统成本和安装成本的增加。

真空玻璃，则是利用特殊的封装焊料和封装工艺，在两层平板玻璃之间构建一层超薄高真空层，可以阻断热传导和热对流以及声传播。性能得到提升的同时，厚度和重量却减轻了很多。如果广泛使用真空玻璃替代中空玻璃，不仅可以降低系统成本，还将极大减少社会能耗，这无疑是一项利国、利民、利企的创新之举。因此，宋骜天便将目标锁定在真空玻璃先进制造技术的研发和大规模产业化上。

| 笑看人生峰高处，唯有磨难多正果

宋骜天了解到深圳市的创新创业政策，并积极申报了创业团队项目。在答辩现场，评委们被这支活力四射的创业团队所惊叹，为他们的科研成果和创新能力鼓掌喝彩。"对年轻人的支持与信任，愿意积极地向年轻人提供机遇，便是深圳这座城市最大的魅力之一。"宋骜天在获得深圳市科技创新委员会 2000 万元创业资助后激动地说道。

2016 年春天，宋骜天开启了在深圳的创业之旅。"我们在龙华区落地，区政府也提供了近千万元的配套资金和房租补贴，支撑我们早期在 1500 平方米的试验工厂完成了小试和中试。"宋骜天回忆创业起步的艰辛历程时说道，"尽管有政府的大力支持，但是我们的发展道路还是充满坎坷。从 2016 年起，不断地做试验。深圳的夏天非常炎热，工厂屋顶温度达到 60 摄氏度，车间环境温度也有 40 多摄氏度。当时我们的试验生产线在调试阶段，技术难度大大超出预料，始终无法稳定生产出合格的产品。所以那几

年，我一直在车间的设备旁边搭着一张帆布床，午休、晚上加班太晚就睡在设备旁。我和伙伴们一起夜以继日坚持了足足3年，直到起步资金烧光也不见起色。经历过不计其数的困难，从工艺调试、材料配方到装备设计、技术优化，再到车间布局，那时候每天一睁眼就面临着各种难题。"

宋骜天为了鼓舞小伙伴们的士气，2018年12月底组织大家到英国边考察边缓解压力。"带你们去看看当年我一边打工到凌晨两点下班，一边还能拿Dinstinction（一等学位）的地方。"旅途中他兴高采烈地对小伙伴们细数自己在英国读研时的"峥嵘岁月"。宋骜天天生乐观，坚信巨大压力往往能够激发巨大的潜力，同行的小伙伴们也深受触动，原以为的散伙旅行，硬生生被宋骜天的创业激情弄得满血复活。

旅行归来后，大家重新投入工作，通过缜密的分析讨论，对材料配方与工艺做了调整和优化。不久之后，产品良率提升，逐渐实现稳定出货。

"我的生日是7月18日，我把2019年7月17日定为理大真空玻璃的生日，这一天是理大科技获得新生的日子。"宋骜天说，"实际上，我们在2019年春节后，就发不出工资了，所剩资金只能够勉强缴纳电费，物料都是找供应商赊欠的。能够渡过难关，多亏大家众志成城。"

杜争，理大科技的技术总监，是一位天才少年，拥有南方科技大学和伯明翰大学双博士学位。14岁上大学，毕业后在国家核电技术有限公司担任研发工程师。2016年加入团队后，一直牵头技术研发。"他不仅智商过人，人品也是一流。"宋骜天如此评价杜争。两个月发不出工资的时候，杜争不仅毫无怨言，反而安慰宋骜天说："没事，管吃就行。"后来，宋骜天陆续收到深圳市和龙华区两级政府发放的几十万元人才补贴，又支撑团队熬过了几个月。

宋骜天与吕琳教授合影

个人投资者雪中送炭与地方政府大力扶持

2019年夏天，宋骜天的几个朋友以个人投资者入股理大玻璃，这笔投资成为支撑宋骜天团队继续创业的"救命粮"。

"当时我们没有实现销售，只有10个人的小团队和一条刚投产的试验产线，大家纯粹是出于对我们团队的信任，一共投资了500万元。"宋骜天感激地说，"靠着这笔资金完成了工艺改良和产线中试，生产趋于稳定，逐渐向客户供货。"

在订单源源不断之际，理大科技的发展又遇到新的瓶颈，产业空间不足，限制了进一步扩产。十分幸运的是，宋骜天团队获得了河南省鹤壁市地方政府的青睐，迎来了新的发展机遇。

2020年底，河南省鹤壁市政府投资3000万元并免费提供了工业厂房，推动理大科技完成了真空玻璃大规模产业化的最后一步。2021年夏季，全球首条全钢化真空玻璃连续式封装生产线在鹤壁理大特种玻璃产业园正式投产。

"我们彻底改良了真空玻璃的装备设计和制造工艺，大幅提升了生产效率，降低了生产成本，实现了真空玻璃的大规模产业化应用。我们的产品已经广泛应用于建筑、光伏、特种冷柜等领域，未来在新能源汽车和农业等领域都将有广泛应用。"

近几年，中国明确提出碳达峰与碳中和目标，受到全世界的瞩目。推行高标准的节能技术是实现碳中和目标的重要手段，为真空玻璃产业带来巨大的发展机遇，理大科技也因自身过硬的技术而迅速成长为行业翘楚。

"我们希望通过自身的努力，降低社会的整体能耗，为实现碳达峰与碳中和的国家战略贡献力量。"宋骛天由衷地感慨道,"制造业创业开始阶段十分艰难,但我们吃的每一分苦都不会被辜负。"

河南鹤壁理大特种玻璃产业园

另辟蹊径输出真空玻璃先进制造技术

宋骛天透露,早在创业之初,就将理大科技定位为一家输出技术解决方案的公司。因为深圳受制于发展空间,不适合从事大规模的真空玻璃产品制造,但是人才集聚、周边的产业链配套完善,非常适合输出装备技术解决方案。玻璃深加工行业具有高度分散化的特点,全国有超过15000家玻璃深加工企业,分布在很多城市,服务于周边300公里范围内的客户。只要理大科技做好真空玻璃的应用示范项目案例,做好真空玻璃的示范生产工厂,就能把真空玻璃的生产线装备在业内打响。

所有努力终于在 2022 年第三季度取得初步成效。这时，理大真空玻璃的应用示范项目和理大鹤壁示范工厂的管理水平、设备配置、生产规模在行业内起到了良好的示范效应。国内外的玻璃深加工企业纷纷闻讯而动，设备订单络绎不绝，其中不乏世界一流玻璃制造巨头。

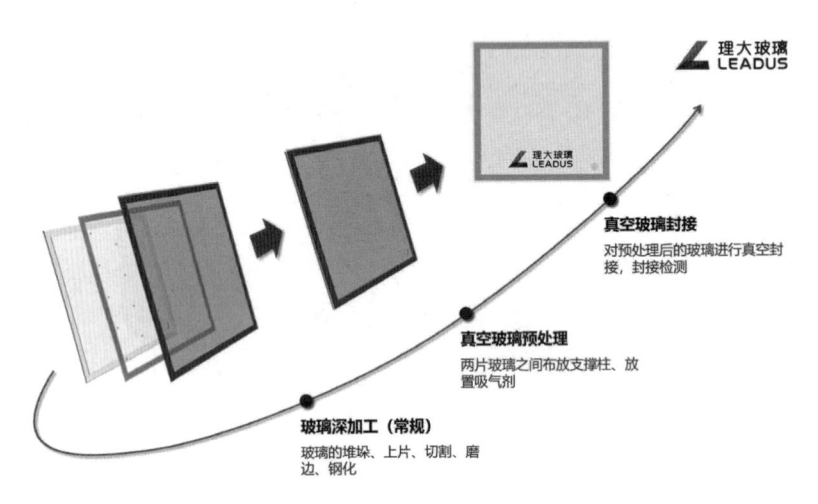

真空玻璃生产示意图

宋骜天总结道："我们主营业务涵盖了真空玻璃产品制造和真空玻璃装备制造，在 2022 年的营业收入中真空玻璃产品和装备各占半壁江山，2023 年销售额预计翻一倍，而真空玻璃装备的销售额将占到销售总额的 2/3 以上。"

牵手"贤内助"，打造真空玻璃行业巨头

理大科技喜人的发展势头，很快吸引了专业投资者的关注，目前已累

计完成近 2 亿元的融资。

说到股权融资历程，宋骛天的眼睛里闪现出幸福的光彩："我要感谢我的妻子解梦，她是美国哥伦比亚大学的风险管理专业硕士，曾于 2017 年在美国纽约创业，从事艺术策展，所策划的展览被福布斯评为'纽约十大不可错过的展览'。2018 年回国后，她策划的'棉花糖与白日梦'艺术展览 IP 是当年同档期展览票房冠军，她被《中国艺术年鉴》评为'2018 中国百大艺术家'。专业的风险控制知识和成功的创业经历，使她在投资领域也如鱼得水，目前就职于国内知名的股权投资机构，事业做得风生水起，使我的创业也深受启发，尤其是对理大科技融资的出谋划策。"

同时，解梦的国际化视角和高情商认知能力，使宋骛天深受启发，他笑言："我是个典型的'理工男'，说话比较耿直，容易在无意中伤害别人，在妻子的建议下我尝试用同理共情思维去沟通交流，这对于团队建设是非常有效的。"

在宋骛天和理大科技团队的共同努力下，真空玻璃的先进制造技术设备已经被越来越多的国内外玻璃深加工企业采购使用，真空玻璃得到了真正的广泛普及，大幅降低了能源消耗、减少了碳排放，给社会大众带来了可持续的品质生活。

宋骛天说："根据预测，2030 年全球真空玻璃产品市场将达到 100 亿美元的市场容量，另外还会带动每年 10 亿美元的设备市场和 30 亿美元的专用焊接耗材市场。如此规模的市场，目前却没有一家真正的巨头企业。未来，理大科技将不断凝聚团队的智慧，维持长期的技术优势，成为真空玻璃产业的第一家巨头企业。"

"粤港澳大湾区构筑了深港校企合作的桥梁,创业者薪火相传,延续着宝贵的深圳精神。"

徐涛,晶准生物医学(深圳)有限公司联合创始人、CTO。深圳市高层次专业人才,深圳市坪山区第一届、第二届人大代表。

2019年,晶准生物医学(深圳)有限公司的循环肿瘤细胞检测平台获得了日内瓦国际发明金奖。

徐涛：
构建一流的肿瘤精准诊断企业

2022年9月21日，粤港澳大湾区企业家联盟在香港、澳门、深圳同步举行颁奖典礼。经第三届粤港澳大湾区杰出青年企业家评选委员会的严格评审，晶准生物医学（深圳）有限公司（简称"晶准医学"）联合创始人徐涛博士在1000多位参选者中脱颖而出，荣获"杰出青年企业家"称号。

徐涛博士说："作为一家科技创新企业的联合创始人，需要的是创业的心理准备和技术积淀，更需要的是创业路上的领路人。深港两地科研与创业合作由来已久，我有幸在香港获得了创业的三要素，粤港澳大湾区构筑了深港校企合作的桥梁，创业者薪火相传，延续着宝贵的深圳精神。"

| 香港求学遇到创业引路名师

徐涛博士提及的创业路上领路人，是指香港城市大学副校长杨梦甦教授。那徐涛这个东北籍的小伙子是如何与杨教授结缘的呢？

"我在沈阳药科大学本科毕业前夕，恰逢前校长姚新生院士前来挑选学生保送清华大学读直博，我有幸跟随姚院士来到清华大学研究生院，成为清华大学和香港城市大学联合培养的博士生。我读香港城市大学时的导师是杨梦甦教授,当时,他兼任香港城市大学深圳研究院生物医药科技中心主任(目前担任香港城市大学副校长,分管科研工作)。"徐涛介绍道,"杨教授对我的成长帮助非常大,除了科研方面的指导,更重要的是,从他身上,我学习到一名科研人员除了要做好科学实验、完成科研论文,还要能够把科研成果转化为临床应用,真正帮助到大众。"

在徐涛眼里,杨梦甦教授是一位多次将大学科研成果成功转化的连续创业者。杨教授团队致力于生物技术在分子诊断和医药健康领域的应用,他先后参与创办多家生物科技公司,包括港龙生物(深圳)、Prenetics(香港)、恒特基因(深圳)。其中,创建于2004年的港龙生物,开发了国际领先的用于早期诊断宫颈癌的基因芯片技术,获得国家重点新产品证书。而创建于2014年的Prenetics,是香港首家在纳斯达克上市的生物科技独角兽企业。徐涛暗暗期待:有朝一日,自己也能跟随杨教授的脚步走上创业之路。

如何才能成为可堪大用之才?刀要在石上磨,人要在事上练,不经风雨是难以成大器的。2011年,徐涛分别获得清华大学博士学位以及香港城市大学博士学位,毕业后,进入中国科学院大连化学物理研究所任助理研究员,之后在杨教授邀请下加入香港城市大学深圳研究院,担任生物医药科技中心常务副主任。他说:"在研究院和大学从事科研工作这些年,培养了我严谨的科研态度。我主要从事微流控芯片领域前沿科学的研究,研究方向包括微流控芯片及其元器件制作加工方法研究、肿瘤液体活检技术研究、微滴反应器研究以及肿瘤微环境中单细胞异质性研究等。我跟老师和同事们一起参与了香港研究资助局和香港创新及科技基金以及科技部'863计划''973计划'的项目,取得了一系列技术上的突破。"

创业需要找到志同道合的人才

徐涛在科研前沿默默耕耘着，在微流控领域发表了一系列有影响力的文章，申请了多项专利。2018年，在杨教授的鼓励和支持下，他和杨教授研究组的邹恒博士、傅华阳研究员一起组成一支创业团队，在深圳成立了晶准生物医学（深圳）有限公司，致力于液体活检技术的科研转化，把最先进的生物芯片和细胞分子检测技术应用到癌症精准医学领域。在杨教授个人出资和号召下，晶准医学成立时就获得了逾两千万元的天使投资。

徐涛说："我们之所以选择深圳，是因为深圳具有浓厚的创业气氛和完整的产业链，深圳市政府鼓励科创，给予很多政策支持，比如仪器设备补贴退税、科研资助、租金减免等，为科研人才提供生活补贴，对高科技初创企业有很大的吸引力，所以晶准医学将研发和生产基地设在深圳，同时在香港科学园也设有研发中心和一个医学检验实验室，是名副其实的'双城创业'。"

徐涛首先出任晶准医学的CEO，他的第一个任务是组建团队将实验室的科研成果转化成产品。他透露，由于团队成员所学的专长是在芯片和检测试剂，欠缺研制仪器的经验，所以他找到一名牵头仪器设备研发方面的技术人才。经过一年时间，团队开发出了细胞筛分仪的样机，2020年6月，细胞筛分仪顺利拿到了第一个医疗器械产品的注册证。

如今，晶准医学自主研发的用于循环肿瘤细胞筛分和下游研究的微流控细胞筛分仪、全自动细胞识别仪、数字PCR（一种核酸检测和绝对定量的新方法）、制片染色一体机等几十款产品已经获得了NMPA（国家药品监督管理局）医疗器械注册证与欧盟CE（安全合格标志）认证。

晶准医学的创始团队合影（从左到右，依次为傅华阳、徐涛、杨梦甦教授、邹恒、余玮健）

不能松懈的融资之路

晶准医学自 2018 年成立以来，专注技术自主创新，以满足市场和临床需求为导向，已经开发出拥有核心技术的多款液体活检产品，在短短 3 年里就获得了 30 多项核心专利授权、16 项 NMPA 医疗器械注册证及 45 项 CE 认证。晶准医学凭借超强的研究实力，吸引到众多投资机构的目光。

晶准医学 2020 年顺利完成 A 轮数千万元融资，投资人是香港和深圳的生物医药领域上市公司和风险投资机构。2021 年，晶准医学又完成了 B 轮融资，获得来自风险投资和私募基金的逾亿元投资。徐涛说："在任何时候对融资工作都不能松懈，因为生物医药产品科研开发和临床试验过程耗时长、风险大，最重要的是能够坚持下去，坚持的过程中需要找到对生物医药产业有共识的投资人，大家能一起走下去，最终一定能得到很好的收获。"在徐涛看来，这两轮融资中，投资机构看中的是晶准医学团队的科研实力，同时也得益于"双城创业"的独特模式。他说："粤港澳大湾区的科技创新资源很多，有助于科研工作者尽享港深两地互补的优势。香港医疗卫生体系先进，多项医学技术都处于国际前沿，但因制造业北上，加上租金成本高，导致科研成果产业化很难。深圳拥有配套完善的高科技产业基础、广阔的发展空间和人才资金优势，有利于加快科研成果的转化和产业化。初创企业不仅可以在粤港澳大湾区施展拳脚，也可以将产品推向更为广大的内地市场。晶准医学正是得到了'双城创业'得天独厚的优势，才能获得如此迅猛的发展，才能获得多家投资机构的青睐。"

融资是创业的重要因素，但是创业要取得成功，就要在产品定位、市场销售、人才组织等各个环节进行修炼，不断地"升级打怪"，通过战胜各种挑战，才能实现一点一滴的进步。

| 倾听市场声音研发好产品

在产品研发方面，晶准医学建立了三个平台：CTC 平台（循环肿瘤细胞检测）、数字 PCR 平台和 NGS（第二代高通量测序仪）测序平台。这三个平台中，CTC 平台能做到全球效率最高，CTC 平台曾于 2019 年在第 47 届日内瓦国际发明展上，作为在医疗诊断尖端领域——癌症诊疗方向的代表，以其优秀的设计和优越的性能参数吸引了无数参会者的目光，它的独特魅力征服了来自几十个国家的众多评委与观众，最终获得了展会最高荣誉"日内瓦国际发明金奖"。教育部的专家与评委对于徐涛主导的"基于微流控芯片的细胞通讯研究及生物分子检测平台"项目也非常认可，认为其立意新颖，转化能力强，对于科研和临床领域的发展产生了重要影响，特予以颁发教育部"自然科学奖"。

与徐涛博士共同创业的邹恒博士主要负责市场和学术工作，也给了徐涛很大的帮助。"坚持以市场为导向，用心倾听市场的声音，这是晶准医学产品技术发展的原则之一。"徐涛说。从创业一开始，邹恒博士就从实验室走向了市场，向临床宣传和推广先进的液体活检技术，这对一个刚毕业的博士而言并不容易，常常会遇到"闭门羹"，但这些都没有浇灭创业者的热情。邹恒博士代表公司在行业发声，获得了一系列奖项，晶准医学的产品技术也进一步得到了临床的认可，推动了业务的发展。创业团队的合理分工，也使得徐涛能够把更多的精力放在核心产品的设计、研发和打磨上。

鲜为人知的是，数字PCR平台的研发曾有过一段插曲。徐涛回忆道："关于数字PCR平台，晶准医学团队在研发过程中曾存在分歧，因为从成本的角度，商务部门认为数字PCR技术没有临床应用前景，但营销部门则从临床需求了解到，国内对数字PCR技术的潜在需求很大。经过多番讨论，最后果断做出决策，开发符合市场需求的数字PCR产品。通过了解市场，团队发现制约数字PCR技术平台走向临床应用的障碍——检测耗材成本过高。如果能把这个成本降下来，那数字PCR的应用前景将是十分喜人的。"

2021年，晶准医学的数字PCR平台通过了国家药监局的快速审批，成为全球第一家获得"无芯式数字PCR"注册认证的企业。在国产荧光PCR已经普及、NGS以进口为主且费用昂贵的时代背景下，国产数字PCR有望异军崛起成为改变精准医学市场格局的一支重要力量。

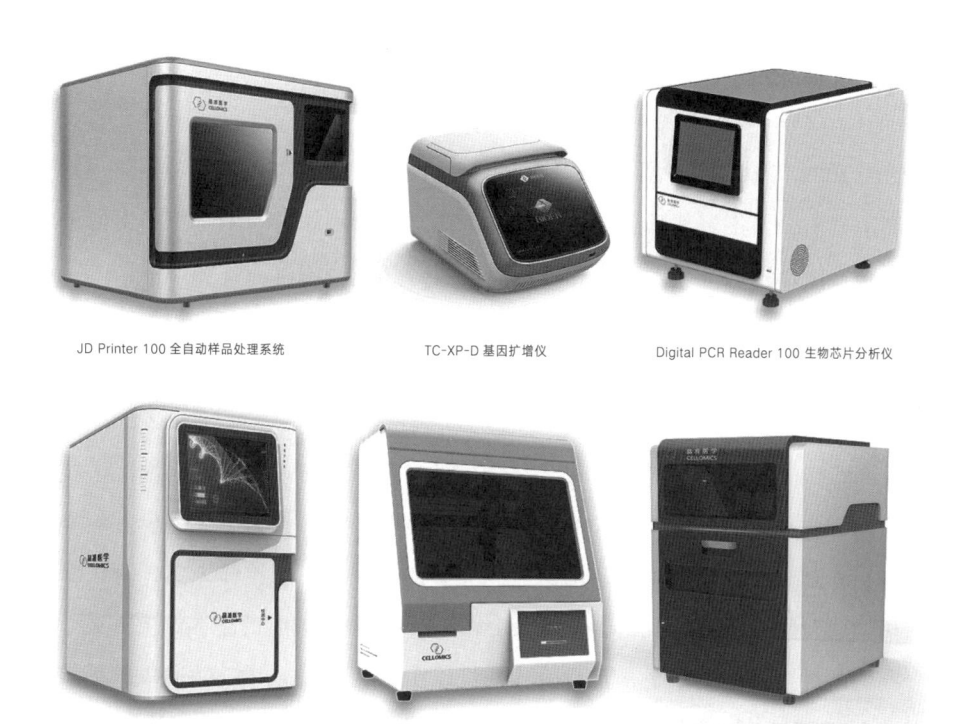

JD Printer 100 全自动样品处理系统　　TC-XP-D 基因扩增仪　　Digital PCR Reader 100 生物芯片分析仪

CTC100 Pro 全自动血液细胞分选仪　　CellStainer100 制片染色一体机　　CellViewer100 全自动细胞识别仪

晶准医学各式获批的产品

令徐涛倍感自豪的是，晶准医学本次获批的"无芯式数字PCR"技术平台，采用"微针打印微滴技术"，其优势在于可以进行核酸的绝对定量的检测分析，其检测灵敏度达到万分之一，除了将数字PCR耗材的材料成本直接降到了个位数以下，在检测成本上已基本接近荧光PCR，而且其关键技术指标"微滴精确度和有效率"在大量的临床实际测试中还远远领先于主流的国际品牌。如今，这款数字PCR技术平台产品已成为晶准医学既叫好又叫座的"拳头产品"之一。

创新的商业模式拓展出更大市场

2022年10月,太平财产保险有限公司深圳分公司与晶准生物医学(深圳)有限公司签署战略合作协议。晶准医学联合创始人、副总裁邹恒博士介绍,通过跟太平财险的合作,双方能发挥在各自领域的优势,推动医学技术和保险产品创新结合,不仅能推进双方在大健康生态市场中站稳脚跟,实现高质量发展,也积极服务社会民生,为客户提供更加全面、优质的保险保障服务。

徐涛对创新商业模式一直保持积极的态度:"市场方面,晶准医学在业内率先推出'肿瘤精准检测整体解决方案',致力于为患者提供肿瘤早筛、伴随诊断、免疫检测、动态监测完整的全周期临床检验方案,为医疗机构建设肿瘤精准医学中心提供'组织活检+液体活检'的整体解决方案。我们的肿瘤基因测序平台是目前唯一可以实现组织标本DNA(脱氧核糖核酸)和RNA(核糖核酸)同步多基因测序的平台。这个平台比只检测DNA的NGS基因测序平台多检出12%—16%的基因融合事件,为患者提供了更多的精准用药靶点。"

随着中国进入老龄化社会,越来越多的人受癌症困扰,如果在癌症早期就能用最先进的生物技术检测出癌细胞,并能精准用药治疗,将让更多患者减少痛苦、延长寿命。不论是与医疗机构合作,还是与保险机构合作,晶准医学都希望为肿瘤早期的精准诊断提供全面的细胞和基因资讯,用最新的技术造福人类的健康。

站在公司的专利墙前,徐涛微笑着说:"我时常回味杨梦甦教授教导我的一句话——创业者要有心胸、眼界和格局。"创业初期徐涛担任公司CEO,随着公司高速发展,团队规模达200多人。公司董事会和徐涛认识到,需要引入更有管理经验的高端人才。在创业的第四年，公司引入了具有国际视野的 CEO 和具有上市经验的 CFO（首席财务官）。徐涛主动让出 CEO 的位置，担任 CTO 的职位，全心投入到研发和产品注册的工作中，也体现了优秀创业者的心胸和格局。

最后，徐涛感慨地说："碰到产品研发过程中的障碍，我会想需要坚持再坚持；跟各式各样的人打交道也会有挑战，这需要我有更多的耐心。创业过程非常具有挑战性，但我们仍然要不忘初心，砥砺前行。市场虽然有波峰波谷，而健康则是人类永恒的追求。人类与癌症斗争的历史十分艰辛而漫长，晶准医学团队希望为人类战胜癌症做出自己的一份贡献。"

"让无人系统无处不达,让世界更高效。"

刘明,深圳一清创新科技有限公司创始人兼董事长,香港科技大学智能自动驾驶技术中心主任,清水湾(深圳)自动驾驶智能研究中心执行主任,香港科技大学(广州)机器人与自主系统学域主任。

深圳一清创新科技有限公司荣获第十一届中国深圳创新创业大赛先进制造行业企业组三等奖。

刘明：

让无人系统无处不达

2022年10月24日，"奋进新时代迈向新征程——领航'9+2'·第三届粤港澳大湾区发展论坛暨颁奖典礼"隆重举行，深圳一清创新科技有限公司（简称"一清创新"）凭借着无人驾驶领先技术优势和产业化实力助力粤港澳大湾区科技建设发展，一举夺得"粤港澳大湾区最具投资价值奖"。

一清创新是全球领先的全栈式无人驾驶解决方案提供商和全球首个实现无人车量产交付的高科技企业，先后入选"第五届毕马威中国领先汽车科技企业50"榜单、"科创中国"全国百强。这家明星企业的创始人刘明教授为企业定下的使命是："让无人系统无处不达，让世界更高效。"

刘明笑称自己是一个爱折腾的人，有一颗不安分的心、一颗求胜的心，在遇到自己不擅长的事情的时候，总是想着如何去克服它、战胜它，并掌握它。

| 爱折腾的年轻人与车结缘

出生于山东淄博一个中学教师家庭的刘明，自幼学习优异，考上同济大学电信学院之后，由于热衷于参加各种电子设计大赛而在校园里小有名气。当同济大学 2003 年成立汽车学院之后，刘明作为唯一的本科生加入了汽车学院，参与当时国内第一台氢燃料新能源汽车的核心研发工作，从此与汽车结下了不解之缘。

"在大学里就能参与到新能源汽车研发工作，对我来说也是一次巨大锻炼。虽然试验的过程中曾遇到不少危险，但因此我积累了丰富的工程经验，也了解到一个较大规模的工程项目是如何实施的。"刘明对当初的大学经历记忆犹新，"之后我去德国的大学、研究院以及企业，也都是从事跟汽车相关的研究工作。"2006 年，他赴德国埃尔朗根－纽伦堡大学深造，并在德国弗朗霍夫研究所从事电气工程项目研究，曾参与欧洲首部无人车 Smarter 的研发工作，再到西门子旗下的威迪欧汽车股份有限公司实习了近一年，主要是研究车载电子设备。

2008 年，刘明奔赴瑞士苏黎世联邦理工学院攻读机器人专业博士学位。经过 4 年的刻苦攻读，他获得博士学位后本来可以留在欧洲工作，但他放弃了高薪职位，选择回国。他坦率地说："我之所以想回来，是因为在瑞士的生活太安逸了，夏天在苏黎世湖里游泳、划船、喂天鹅，冬天去阿尔卑斯山滑雪，这样的生活只能拿来享受，缺点就是失去了奋斗状态，这与我爱折腾的天性不符。"

2013 年 8 月，刘明加入香港科技大学，不久之后成立智能自动驾驶技术中心并担任主任。他笑着说："本来，我得到那年 12 月才博士毕业，可 8 月就入职了香港科技大学，于是有几个月时间，我一边带着博士，一边写着自己的毕业论文，这与瑞士悠闲的生活相比，明显要紧张充实。"

大学教授瞄准无人驾驶创业

2018年6月，刘明牵头创办了一清创新，致力于打造安全、稳定、可量产的无人驾驶整车。这是一支技术实力很强的团队，首席科学家王鲁佳是香港中文大学机器人方向博士，曾在新加坡南洋理工大学做博士后研究，是机器人智能感知及控制优化算法专家和全球云机器人领军者。

那么，一清创新为什么要选择低速无人驾驶的赛道呢？从事无人驾驶技术研究多年的刘明分析道："低速无人驾驶比高速更安全，落地更容易，规模更大。从技术上看，低速无人驾驶技术成熟度更高，且高速无人驾驶在法律法规、伦理道德方面要受很多限制；从场景上看，封闭与半封闭的园区比公开路面更有利于无人驾驶的快速落地；从功能上看，载货比载人更容易实现。规模化是技术应用的升级阶段，之前经过无人驾驶1.0时代的发展，目前迈入了无人驾驶2.0时代，2.0时代的核心标志就是各个行业对无人驾驶技术进行规模化应用。"

为了找到规模化应用场景，一清创新早在2018年就优先考虑高频、大体量、规律性、标准化程度高的场景，比如码头、机场、矿山、工业物流园区等，可以在当前最大化地体现无人驾驶的价值。城市配送、快递、移动零售等场景，长期看也一定是大金矿。刘明决心带领一清创新，打造企业独特的优势，那就是了解客户的长期核心需求和应用场景，从实现降本增效入手，通过对无人化系统全流程的客观可控，最终扩展落实到客户整体利润的巨大提升。

刘明之所以选择深圳，是因为他看中深圳人工智能、智能制造上下游产业发达，并且鼓励无人驾驶行业快速发展，未来会开放更多路测区域，增加上下游产业的扶持和自动驾驶的技术研究。种种因素相加，刘明相信深圳的无人驾驶必将会迎来更大的发展机会。

助力广州港全自动化码头

2022 年 7 月 28 日，广州港南沙港区四期全自动化码头正式投入运行，该码头是全球首个江海铁多式联运全自动化码头，也是粤港澳大湾区首个自动化码头。此次运用到南沙港区四期全自动化码头的 IGV（智能导引车）自动驾驶等级为 L4 级，可以由无人驾驶系统完成所有的驾驶操作，落地的近百台 IGV 是由一清创新提供 IGV 导航方案赋能，实现港口集装箱智能化运输，这一技术的落地应用大大节省成本并提升效率，一时间惊艳全球。

刘明谈及无人驾驶技术就滔滔不绝："过去自动化码头采用磁钉导航，通过在地面布设磁钉，自动导引车上配置的射频天线感应磁钉循迹进行导航，对场地有很高要求。国内现有的老码头如果要选用该技术进行自动化改造，相当于把地面全部重新翻铺一遍，建设成本和维护成本都相当大。"

为了突破这一难题，刘明带领港科大无人驾驶团队、一清创新团队，与广州港集团、上海振华重工、清水湾（深圳）自动驾驶智能研究中心等多家单位携手攻关，打造全球首创北斗导航无人驾驶智能导引车。该码头搭载了一清创新研发的导航系统，集北斗导航、5G 通信、人工智能、无人驾驶等前沿技术于一体，从自动化设备硬件到信息化系统采用全新一代自动化集装箱码头技术路线，创造了 60 多项专利，其中发明专利31 项。

刘明说："车辆无需借助磁钉就可以实现厘米级定位和环境感知，能够精准抵达每一个箱位，而且具有定点自动充电功能，可无限续航，极大拓展了无人驾驶智能引导车的使用场景，降低了码头的建设维护成本。由于采用该技术，广州港南沙港区四期全自动化码头节约了几千万元的建设成本。"

同年夏季，一清创新参与联合发布《2021—2022中国港口无人驾驶产业发展蓝皮书》，为港口无人驾驶发展模式提供参考。一清创新为水平运输车无人驾驶导航算法赋能，成为我国全自动码头建设的典范。

获得香港首张无人驾驶牌照

2022年对于一清创新来说是个收获累累的年份。8月，一条振奋人心的消息传来：历经22个月，共计3个阶段的高标准专业测试后，一清创新与港科大智能自动驾驶技术中心联合研发的Hercules（中文名"夸父"）无人车，喜获香港运输署颁出的全港首张无人驾驶正式牌照。

原来，早在2020年1月Hercules就入驻港科大，开始接受香港运输署长期的严格测试，截至2022年8月，共获得阶段性的车辆行驶许可证5个，并成功完成595个小时94项测试任务，全流程无安全隐患、无特殊事故、无人为介入，属于业内首例，为低速无人车在香港的市场落地奠定了坚实的基础，加速无人驾驶商业化进程。

刘明透露，香港对于无人车上路许可十分严格，多为匹配安全员的测试牌照，更谨慎的安全性能测试、更漫长的技术实力考验，导致香港的测试牌照申请极难，而路测是自动驾驶技术演进和产品落地的必要条件。此次Hercules成功拥有全港第一辆全无人的路测牌照，经过香港运输署的官方认可，是真正意义上的全港首例。"拥有了正式牌照的无人车，活动范围更大、护航要求更低，对无人驾驶技术在香港的产业化落地有极大的促进作用。"

一清无人车

　　Hercules无人驾驶汽车究竟有何特别？刘明介绍，Hercules为低速无人驾驶物流车，区别于一般自动驾驶无人车，Hercules并无安全员，甚至没有驾驶座，这对安全提出了更高的要求。一清创新与香港科技大学团队共同研发生产的Hercules在设计上"去掉安全员"，所有的高精度建图、环境感知和路径规划都由无人车自主完成，配备云端调度系统，排除了人为驾驶的任何可能，真正实现全流程自动驾驶。

｜掘金工业物流领域成效显著

　　令人瞩目的是，Hercules在香港取得了阶段性的成果，在内地许多城市已经得到示范应用。在产品性能方面，Hercules系列无人车通过不断迭代，从外观到功能都实现了较大突破，可实现物流、配送、安防、消杀、零售、宣传等多项功能。在公开道路上，Hercules多功能无人车在疫情期间入驻深圳坪山街道、苏州高铁新城、山东淄博市区等地，开展防疫物资运输、早中晚餐食配送等作业，累计里程超1000公里，服务超10000人次。

2022年9月，一清创新与高新兴机器人宣布达成战略合作协议，未来双方将围绕智慧城市安全巡逻解决方案展开深度合作，通过技术合作、方案融合、联合研发，打破移动机器人和无人车安全防护界限，实现园区内智能网联互通、数字孪生，打造智慧城市安全"护城河"。

像这样与一清创新牵手的战略合作者，还有富士康、华为、顺丰、奔驰等知名企业，一清创新推出了低速无人物流车、无人配送车、无人清扫车、无人安防车、无人零售车、低速载人接驳车、多融合传感器等创新型产品，累计安全运营超过100万公里。

虽然一清创新的无人车可以应用的领域很多，但当前刘明对工业物流的应用最为看好。他播放了一清创新无人车在富士康工业园区封闭复杂环境下的运营录像，说："无人车可以对接工厂内部自动化智能系统，实现物料的无人运输，过去线边仓需要100多名的员工进行点料，用了无人车之后，就不需要线边仓了，可以随时按需送达生产车间，可以节省点料的人工成本。因此，对于一些大型的生产企业，利用无人车为自动化生产赋能，是有迫切需求的。"如今，一清创新已形成了"无人物流车为主，载人接驳等各类特种无人车为辅"的产品布局。

技术实力超群受投资商青睐

我国积极发展智能网联汽车，无人驾驶市场正处于快速发展的阶段。数据显示，2017年至2021年，我国无人驾驶市场规模由681亿元增至

2358亿元，年平均复合增长率为36.4%。

一清创新由于创始人团队实力强大，在无人驾驶技术上拥有多年的积累，在很多场景下获得落地应用，因此成为投资市场上的"香饽饽"，截至2022年底，一清创新已经在120个园区实现落地，订单总值达1亿元。

2022年9月，一清创新宣布已完成新一轮融资，本次融资由南山战新投领投，港科投资、成都合炎、珠海安丞跟投。融资金额将主要用于产品更新迭代及市场拓展应用，加快无人驾驶技术的商业化落地。此前，一清创新曾获东方富海、联想创投、芯原股份等知名机构和上市公司的投资，累计融资额达到数亿元。

针对本轮融资，南山战新投董事长蔡伟彬说道："自动驾驶是深圳市'20+8'产业政策重点扶持领域。一清创新是源于香港科技大学、扎根南山的自动驾驶高科技企业，拥有深厚的技术积累、高层次人才团队和产业化落地经验。我相信一清创新未来有机会成长为无人驾驶领域的领航者，并将助力南山区自动驾驶产业集群高质量发展，前景可期。"

香港科技大学校董、港科投资负责人廖家俊亲眼见证一清创新迅速地由小变大，他由衷地说："一清创新作为香港科技大学孵化的明星项目，大力推动自动驾驶系统的迭代优化、道路测试、场景部署等产业化进程，切实服务于工业技术改造、园区无人化升级和智慧体验，获得了国内外标杆客户的一致认可。"

"随着硬件成本下降，以及算法模型的持续迭代，商用自动驾驶包括港口、工业园区、矿区、机场、干线物流等，正从测试验证转向多场景示范应用的新阶段。一清创新聚焦合规、高频、刚需的用户场景，在自主技术成熟度、产品力与量产能力方面拥有较强的市场竞争力。我们期待一清

一清创新员工大合照

创新持续探索更多无人化场景可能性，贡献标杆方案。"成都合炎负责人毕然同样对一清创新赞赏有加。

"未来，一清创新将持续提供车云一体化的融合解决方案，赋能多行业生态，重点深耕智慧工业物流领域，形成规模化、可拓展、标准化的'交钥匙式'工业 4.0 行业级应用。"刘明充满信心地说，"《道德经》里说一气化三清，取名'一清'，借此喻指一生三，三又归到一。一清创新英文名叫 Unity Drive，也是有统一的意思。一清创新要做的就是软硬件一体化无人驾驶整体解决方案。'让无人系统无处不达'既是一清创新的使命，也是产业发展的必然趋势。毋庸置疑的是，无人驾驶领域是一个千亿级的蓝海市场，一清创新将逐步开发更多应用场景的无人车，努力成为全球领先的无人驾驶汽车公司，助推全球无人驾驶产业快速发展。"

|创 业 指 南 针|

利用"双城"优势实现创业梦想

在粤港澳大湾区创业队伍中,有一批海外高校毕业的高层次人才,充分利用香港和深圳两地各自的优势,实现创业梦想,成为创业者群体中的佼佼者。

归纳起来,深圳和香港的"双城"优势有五点:

一是香港和国际接轨很顺畅,不论是基础研究还是资讯获取,都非常便捷,拥有国际化视野,对创业者非常重要。相达生物董事长招彦焘自幼在香港长大,对香港的优势了如指掌。他分析道:"香港是国际化城市,是东西方公认的窗口和桥梁,这里还有国际一流的大学教授在从事前沿科技基础研究,也有世界一流的医院可以做临床验证,其试验结果能获得国际认可,而且香港的资金流通非常方便,这些优势能带给企业国际化的视野和全球一流的创新资源。"晶准医学联合创始人徐涛博士在过去多年的科研和创业过程中,最大的收获是从他的导师、香港城市大学副校长杨梦甦教授身上学到知行合一、学以致用的精神,他说:"杨教授具有国际化的视野,而且始终认定科研的最终目的是造福人类、贡献社会。"

二是香港高校培养了很多优秀的科技人才,为创业者提供源源不断的人才支持和智力支持。理大科技创始人兼董事长宋骜天说:"与我共同创业的小伙伴们大多是来自香港理工大学的师兄。没有香港理工大学各行业同学及老师的鼎力相助，也不可能有如今的真空玻璃，是香港理工大学给我带来了人生机遇和宝贵财富。当下，香港理工大学教授们在国际建筑节能领域拥有很好的学术影响力，尤其是一些国际学术会议也会邀请理大玻璃的研发人员前去分享最新成果，利用'双城'优势，向全球展现香港的科研成果和深圳的产业化果实，这是作为一名双城创业者引以为豪的地方。"

三是深圳的产业链完备，产业人才很充足，创新资源充沛，为创业者提供了产业化的沃土。"香港的短板是创新生态圈不够完善，尤其是对产业化的推动很弱，加上政府审批环节过多，在突发情况下行政效率跟不上。"招彦焘敏锐地看到，深圳的优势恰恰可以弥补香港的短板，深圳的创新生态和供应链水平全球一流，而且深圳周边城市的创新资源也非常多。一清创新董事长刘明十分看重深圳产业链的配合效率，他说："深圳的优势是产业基础好，上下游供应链配合非常高效，当我有一个想法出来，在深圳很快就能变成产品。"

四是深圳市的政策很灵活，对创新创业支持力度非常大，特别是当地政府具有极高的办事效率。招彦焘说："2022年9月，我和光明区政府部门开会，区领导鼓励我们'有什么需要政府支持的地方直接提出来'，并且会后很快帮我们逐一协调落实。正是'双城'优势让我成就了一番事业，在国际市场上站稳脚跟。"宋骜天对此有同感："通过香港理工大学的平台，我认识了粤港澳大湾区，也很深入地了解到深圳对创业的支持政策，深圳市对于创业团队的资助为我们创业起步提供巨大的帮助。"

五是"双城"创业故事的主角们，都是爱国人士，他们除了经营好自己的企业，还经常为政府提供建议，在媒体上与大众分享专业知识，这样不仅造福社会，而且提高了企业的美誉度，便于企业引进更多优秀人才。比如，招彦焘在香港中文大学兼任副教授，并在其他大学的生物医学系的咨询委员会任职，期望能进一步为生物科技的学术成就做出贡献，为香港和深圳培养出更多更优秀的未来科研人才。又如，一清创新董事长刘明在香港科技大学电子与计算机工程系、计算机科学与工程系担任双聘终身教授，同时担任香港科技大学广州筹委会委员、机器人与自主系统学域主任，目前团队累计培养了 50 余名博士，给自动驾驶行业培养和输送了大量高精尖技术人才。再如，徐涛博士作为深圳市坪山区第二届人大代表、区人大财政经济委员会委员，积极为坪山区的生物医药产业发展建言献策。宋骛天作为龙华区政协常委，2021 年初在龙华区政协会议上做了《积极发展超低能耗建筑，助力龙华实现碳达峰》的主题发言，为龙华区的低碳事业提出了专业的、可操作性的建议。

后记

自2018年《深圳创业故事》面市以来,已经跨越5个年头,今年将举办第十五届深创赛,《深圳创业故事3》又与读者们见面了。

最初策划《深圳创业故事》的时候,我们并没有将其定位为单纯的关于如何创造财富的书,它更像是关于人生的书,讲述不同类型的创业主体为何会选择创业,以及在创业过程中遭遇了多少道坎儿,又是如何想尽办法跨越的。

《深圳创业故事3》依旧延续这样的定位,但有所不同的是不仅聚焦深圳,更是放眼粤港澳大湾区,挖掘发挥深港"双城"优势的创业故事,为粤港澳大湾区的创新创业提供更开阔的思路。

2022年10月,党的二十大胜利召开。二十大报告极大地鼓舞着走在创新创业道路上的企业家群体。获得第十四届深创赛电子信息行业企业组第一名的深圳市埃尔法光电科技有限公司董事长黄君彬博士振奋地说:"二十大报告提出要大力发展实体经济,这对我们企业发展是巨大利好,我们是做光芯片设计和应用的企业,在光传输领域还有很多新技术需要我们去攻克,比如,光芯片与电芯片如何共封装,我们决心要攻坚克难,加快发展,争取3年内成为国内光传输的龙头企业。"

像他这样为国担当、为国分忧的企业家不胜枚举,在《深圳创业故事

3》中各种类型的创业者，他们都怀抱着实业报国的梦想，比如，华科创智创始人喻东旭与香港科技大学温维佳教授有一个共同的梦想，就是用纳米银材料技术报效祖国；相达生物董事长招彦焘博士希望通过把自己的最新检测技术成果在深圳迅速实现产业化，为粤港澳大湾区的发展做出实际贡献；从加拿大归国创业的皇虎测试创始人赖俊生说："祖国复兴，强国有我，相信我的梦想可以在祖国大地上实现，皇虎测试要成为中国内存测试设备的领头羊。"

优秀的企业家把事业与国家、民族的利益紧密联系在一起，勇于承担责任，攻坚克难，不断创新。他们身上企业家精神闪闪发光，不仅自己收获了事业的成功，而且在承担社会责任上做得非常出色，相信这一束束耀眼的光芒也会照亮更广阔的天地！

我们很荣幸见证了企业家的成长，未来也将继续讲述精彩的深圳创业故事。我们相信，在党的二十大精神指引下，在新时代创新创业大道上，深圳会涌现出更多的优秀创新创业者，为建设粤港澳大湾区国际创新中心做出更大贡献。

是为记。谨以此书献给深创赛十五周年，献给每一位踔厉奋发、怀抱梦想的创业者。

本书编委会